PASSIVITÄT

KATHRIN BUSCH

PASSIVITÄT

Textem Verlag

Kleiner Stimmungs-Atlas in Einzelbänden
Hg. Jan-Frederik Bandel, Nora Sdun
Gestaltung: Christoph Steinegger / Interkool

Bd. 6 – P: Passivität
Kathrin Busch
Hg. Valérie Knoll, Hannes Loichinger

Druck: Kerschoffset d.o.o.
ISBN: 978-3-941613-85-0
www.textem-verlag.de

2. Auflage 2020

INHALT

I. POTENTIA PASSIVA

»... der Gedanke an alle menschliche Aktivität macht mich lachen.«

(Louis Aragon)

Nichts erscheint selbstverständlicher als die Hochschätzung des aktiven, handelnden und herstellenden Menschen. Es gehört gleichsam zu seinem Wesen, dem Faktischen nicht tatenlos ausgesetzt, vielmehr eigenständig in der Lage zu sein, das, was ihm gegeben ist, durch seine Aktionen zu verändern und das Vorfindliche in selbst geschaffene Bedingungen zu transformieren.[1] In der *vita activa* zeigt sich die Grundbedingung des Menschen, nicht bedingt zu sein.

Diese bislang unbezweifelte Bevorzugung der Aktivität gerät heute zunehmend in Verruf, und es sieht so aus, als antworte man auf philosophischer Seite mit einem gesteigerten Interesse an Phänomenen des Passivischen auf ein Unbehagen am unbefragten Vorrang des Tuns. Die Appelle und Ansprüche an das eigenverantwortliche Tätigsein sind im Alltag in einer Weise angewachsen, dass sie mit Unmut, wenn nicht mit Verweigerung oder krankhaften Störungen beantwortet werden. In der heutigen Leistungsgesellschaft schlägt die Entgrenzung von Kompetenzanforderungen, von Eigeninitiative und Motivation nicht selten in das Gefühl des Versagens um. Auf die sogenannte »Aktivgesellschaft«[2] mit ihrem Zuviel, ihrer »Überproduktion, Überleistung oder Überkommunikation«[3] und schier grenzenlosen Positivität wird offensichtlich mit Depression und Erschöpfung rea-

1) Vgl. Arendt, *Vita activa oder Vom tätigen Leben,* S. 10

2) Han, *Müdigkeitsgesellschaft,* S. 54

3) Ebd., S. 12

giert. Das heutige Subjekt ist als »unternehmerisches Selbst«[4], wenn es sich verweigert, nicht deviant und gesetzesbrecherisch, sondern es versagt, ist ausgebrannt und kann nicht mehr. Diese Schwächung des Könnens der zur kreativen Selbstverwirklichung angehaltenen Individuen setzt auch jenes Nichtstun und jene »tiefe Langeweile«[5] der *vita contemplativa* außer Kraft, die man lange als Bedingung wirklicher Erfahrung und eines ihr entspringenden schöpferischen Handelns angesehen hat.

Es reicht nun allerdings keinesfalls, auf die gesellschaftlich geforderte Hyperaktivität und ihre Ideale wie Eigeninitiative, Flexibilität und Kreativität lediglich mit einem Plädoyer für Unterbrechung, Zwischenzeit und Verlangsamung zu reagieren oder gar ein Lob der Müdigkeit anzustimmen.[6] Man gerät auf diese Weise nicht aus dem Zirkel der Ansprüche der Selbstverbesserung und Kompetenzsteigerung heraus.[7] Die zugrunde liegende Höherschätzung des Aktivseins wird nicht verschoben, indem man voluntaristisch Rückzug und Pausieren zur Wiederherstellung der Kräfte einklagt. Denn damit bleibt man noch zu sehr am individuellen Können und Vermögen orientiert und folgt – im vorgestellten Akt der Befreiung – der gleichen »Aufwer-

4) So der Titel der Studie von Ulrich Bröckling, *Das unternehmerische Selbst. Soziologie einer Subjektivierungsform*

5) Han, *Müdigkeitsgesellschaft,* S. 26

6) So rekurriert Han in seiner *Müdigkeitsgesellschaft* auf Peter Handkes *Versuch über die Müdigkeit,* um der »Erschöpfungsmüdigkeit« eine inspirierende Müdigkeit an die Seite zu stellen, die ganz der tradierten Vorstellung von der *vita contemplativa* folgt. Vgl. Han, *Müdigkeitsgesellschaft,* S. 55ff.

7) Andreas Gelhard hat in seiner Studie *Kritik der Kompetenz* die Durchsetzung des Begriffs der Kompetenz nachgezeichnet und es als eine Folge der von Foucault untersuchten Normierungs- und Normalisierungsmacht dargestellt. Mit der Kompetenzorientierung und den entsprechenden Selbstoptimierungstechniken wird alles zu einer Frage des Könnens und fallen selbst die Leidenschaften und Gefühle in den Bereich der Fähigkeit (vgl. ebd., S. 14).

tung von Autonomie«[8] des isolierten Einzelnen, die sich als Wurzel des Übels herausgestellt hat. Stattdessen gilt es, die Vernachlässigung des Passiven gründlicher zu revidieren, indem man das Verhältnis von Aktivität und Passivität überdenkt. Was sich dabei zeigt, ist, dass die Passivität sehr viel weiter als bisher angenommen in das Aktivsein hineinreicht und man die ihr eigene Wirksamkeit und Kraft noch freizulegen hat.

Ansätze für ein solches Umdenken bietet ein Begriff von Passivität, der nicht allein auf eine Umkehr in der Bewertung der hierarchisch gegliederten Dualität von aktiv und passiv abzielt und die Vorzüge einer bewusst herbeigeführten Verlangsamung, Untätigkeit oder Müdigkeit beschwört. In die Debatte um eine Kritik der »Aktivgesellschaft« hat man Theorien der Passivität einzuspeisen, wie man sie etwa aus den Philosophien von Martin Heidegger oder Emmanuel Lévinas, von Jacques Derrida oder Giorgio Agamben herauslesen kann und denen eines gemeinsam ist: Sie zielen auf die Entdeckung einer jedes Handeln erst ermöglichenden Passivität und entwinden sich dadurch dem Oppositionsschema von Aktivität und Passivität, wie es aus der Geschichte der Metaphysik bekannt ist. Sie sind einer Denkbewegung verpflichtet, die man mit Derrida als die »doppelte Geste«[9] der Dekonstruktion bezeichnen kann. Derrida hat exemplarisch gezeigt, dass die zentralen Oppositionspaare, in denen sich das philosophische Denken entwickelt, mit der Nachordnung eines der einander entgegengesetzen Begriffe einhergehen, und er hat aufweisen können, dass das marginalisierte Konzept von größerer Bedeutung und Tragweite als das traditionell bevorzugte ist. Die geläufige Hierarchie wird zum einen verkehrt, zum anderen wird offensichtlich, dass der bis dahin abgewertete Begriff beide Konzepte fundiert. Der untergeordnete Term erweist sich als der das Gegensatzpaar selbst noch tragende Part. Ganz im Sinne dieser dekonstruktiven Geste findet

8) Ehrenberg, »Depression«, S. 53

9) Kofman, *Derrida lesen,* S. 31 ff.

man in Bezug auf die Dualität aktiv/passiv bei den genannten Autoren die Idee einer »Archi-« oder »Ur-Passivität«,[10] die aller Aktivität vorgelagert ist; sie ist – mit Lévinas formuliert – passiver als diejenige, die in der Unterscheidung von Aktivität und Passivität zum Tragen kommt.[11] Eine solche Passivität steht nicht zur Wahl. Die heutigen Fürsprecher der Passivität wollen nicht benennen, gegenüber welchen fehlgeleiteten Ansprüchen man sich zu immunisieren hat, sie verstehen Passivität nicht als Einsatz einer Verweigerung, sondern sehen sie als Chance und verschreiben sich mit Nachdruck den Verheißungen einer *potentia passiva*.

Im Folgenden wird es um diesen anderen Begriff von Passivität gehen. Es werden Ansätze für eine Ur-Passivität in verschiedenen Feldern aufgelesen, die von der Kulturtheorie über Fragen der Wissensbildung und der literarischen Produktion bis hin zum Subjektbegriff, seiner ethischen Fundierung und einer sich daran anschließenden politischen Bedeutung reichen.

Zunächst wird – trotz der Notwendigkeit, die Gegenüberstellung von Aktivität und Passivität zu unterwandern und die Idee einer Archi-Passivität zu entwickeln – ein flüchtiger Blick auf die bekannten Formen einer bewusst gewählten Passivität geworfen, wie sie in der Geschichte der Philosophie etwa in Bezug auf Trägheit, Müdigkeit und Faulheit auftauchen. Die Passivität wird hier vor allem als Form der Verweigerung angesehen, die sich den geltenden Vorschriften und Normen verwehrt und als ethisch verwerflich gilt. Allerdings gibt es auch in dieser philosophischen Tradition durchgängig Versuche, in der Passivität nicht nur Weisen des Unterlassens zu erblicken, sondern sie auch als Ermöglichung zu verstehen. Die Suspension des Tuns bietet einerseits anderen, höher geschätzten Lebensweisen Platz, andererseits meldet sich in den Zuständen des Passivischen, was es an Unerledigtem und Unverwirklichtem gibt. Vorbehalte gegenüber dem Realisierten, wenn es als Totales erscheint,

10) Vgl. Derrida, *Bleibe,* S. 24

11) Vgl. Lévinas, »Sprache und Nähe«, S. 271

dem kein Latentes innezuwohnen scheint, wäre einer der Gründe, sich in die Passivität hineinzubegeben und eine Berührbarkeit und Empfänglichkeit für Phänomene zu kultivieren, die sich nicht herstellen, konstruieren oder kommandieren lassen. Die Hingabe ans Nichtstun ist dann angemessener, wenn etwas anderes eintreten soll. Um Letzterem Raum zu geben, kann es nötig sein, das Handeln auszusetzen. Die so verstandene, entschiedene Passivität ist bezeichnenderweise weniger eine Widerstandsform als eine Ermöglichungsform. Bei aller Unterlassung zielt sie – sofern man mit dieser Formulierung nicht schon Intention und Ermächtigung unterstellt – auf etwas Mögliches. Freilich ist damit eine – wie man mit Derrida formulieren müsste – »unmögliche Möglichkeit«[12] gemeint, wenn ermöglicht sein soll, was über das Vermögen des Einzelnen hinausgeht.

Entscheidend für die heutige Befürwortung der Passivität ist, dass sie sich nicht allein gegen übersteigerte Leistungsanforderungen richtet, sie subvertiert die Erwartungen des Tätigseins und die Innovations- und Kreativitätsappelle auch keineswegs nur aufgrund von deren unverhohlenem Merkantilismus. Die Berücksichtigung der Passivität verdankt sich vielmehr der Einsicht, dass Herstellen und Handeln nicht abzulösen sind von den Anstößen, Widerfahrnissen und Anrufungen, auf die sie antworten. Sich diese passivischen Kehr- und Unterseiten der Praxis vorzunehmen erscheint auch deshalb von theoretischem Interesse, da man in den meisten kulturwissenschaftlichen Theorien der Gegenwart eine ungebrochene Bevorzugung von Handlungs- und Hervorbringungskategorien findet, sodass das Spektrum des Empfangens, Aufnehmens und Affiziertseins bislang nicht zureichend in den Blick geraten ist.[13] Dieser

12) Vgl. Derrida, *Eine gewisse unmögliche Möglichkeit*

13) Eine Ausnahme bildet die Phänomenologie des Fremden von Bernhard Waldenfels, insbesondere sein Buch *Bruchlinien der Erfahrung,* 2002. Zu nennen ist auch die religionsphilosophische Untersuchung von Philipp Stoellger, *Passivität aus Passion.* In ihrer Studie *Affizierung. Zu einer ästhetisch-epistemischen Figur,* 2010,

eingeschränkte Kulturbegriff hat zur Vernachlässigung der Passivität beigetragen. Als Gegenstand der Kulturwissenschaften gelten gemeinhin Praktiken, Erzeugnisse und Institutionen, wobei das ganze Feld der Passionen und der Passivität tendenziell nicht als wesentlich für die Dynamik einer Kultur angesehen wird. Gegen diese Verkürzung müssen sowohl Passion und Affektion als auch die Momente des Innehaltens oder Zögerns als kulturkonstitutive Kräfte zur Geltung gebracht werden.

Passivität im Sinne einer Außerkraftsetzung von Intentionalität, Steuerung und Lenkung, von Machbarkeit und Effizienz ist außerdem für andere Formen der Wissensbildung relevant. Passivität schafft nicht nur in der Suspension des Handelns einen Denkraum, das Denken selbst ist passivisch und – so argumentiert vor allem Roland Barthes – von Phantasmen heimgesucht, aus denen sich die Kraft und Dynamik des Forschens und Schreibens speisen.

Die Berücksichtigung einer solchen in ihrer Potenzialität verstandenen Passivität richtet sich auch gegen eine Fixierung der gängigen Kulturtheorien auf das Sinnhafte und Verstehbare, die mit einer zusätzlichen Vernachlässigung zu tun hat, nämlich der Unterschlagung der kulturtheoretischen Bedeutung des Fremden, also dessen, was sich durch Unzugänglichkeit auszeichnet und dem man sich nur – wie vor allem Lévinas herausstellt – über Strategien der Passivität annähern kann. Mit Lévinas ist sicherlich das radikalste Denken der Passivität erreicht. Die von ihm freigelegte »Ur-Passivität«, in der allein sich die Erfahrung von Alterität artikuliert, entfaltet vor allem unter ethischen Gesichtspunkten

widmet sich Michaela Ott einem angrenzenden Phänomen. Der Begriff »Interpassivität«, wie er von Robert Pfaller entwickelt worden ist, zielt weniger auf eine Rehabilitierung der Passivität als vielmehr auf eine Analyse von Formen des Handelns und Genießens, die an andere Personen oder Dinge abgetreten und von ihnen für das Subjekt übernommen werden, vgl. Pfaller (Hg.), *Interpassivität,* und ausführlicher Pfaller, *Die Illusionen der anderen* und *Ästhetik der Interpassivität.*

ihre Tragweite. In seiner passiven Ausgesetztheit gegenüber dem Anderen konstituiert sich das Subjekt als verantwortliches. Die Archi-Passivität hat aber auch eine ästhetische Dimension, insofern sich in ihr eine fundamentale Berührbarkeit abzeichnet.

Dass Sensibilität und Passivität auf das Engste zusammengehören, kann ein Rekurs auf die Begriffsgeschichte zeigen, die zum griechischen *pathos* zurückführt. In diesem Begriff überlagern sich Affektion und Passion. Heidegger hat an diese Einsicht anschließend das griechische *pathos* mit dem Begriff der Stimmung übersetzt und eine Phänomenologie des Ge- und Be-stimmtseins entwickelt, die der Verschränkung von Empfindsamkeit und Passivität am Grunde des menschlichen Daseins Rechnung trägt. Obgleich er die ethische Dimension der Passivität vielleicht zu sehr vernachlässigt, lässt sich an seinem Begriff der Stimmung doch die Revision des Passivitätsdenkens vertiefen.

Vor dem Hintergrund der verschiedenen philosophischen Versuche, Passivität neu und anders zu denken, soll schließlich derjenige literarische Text zur Sprache kommen, an dem sich die Einsätze dieses neuen Konzepts von Passivität erproben lassen. *Bartleby* von Herman Melville, die Geschichte eines in Passivität versinkenden Schreibers, hat nicht nur Gilles Deleuze und Giorgio Agamben zu Interpretationen herausgefordert, an ihr lässt sich auch die Frage des literarischen Schreibens und der künstlerischen Produktion reflektieren. Denn ein letzter Aspekt, der mit der problematischen Privilegierung des Aktivischen verbunden ist und der es notwendig macht, der Passivität mehr theoretisches Recht einzuräumen, ist die Frage des Neuen. Das wirklich Neue, also eine Erfindung im emphatischen Sinne, ist nur dann zu denken, wenn man ein Jenseits möglicher Intentionen und Machbarkeiten einräumt und Zufälle sowie Ereignishaftes berücksichtigt. Auch hier sind Verfahren des Passivischen notwendig, die das Evozieren von Unerwartetem und Unabsehbarem ermöglichen. Das Ereignis, das Zukünftige – oder mit Derrida gesagt: das Zukommende – kann nicht gemacht oder konstruiert werden, sondern muss gewissermaßen eintreten. Es muss sich einstellen – wie auch immer man es vorbereitet haben mag. Diese Befürwortung des Unwillkürlichen findet ihren Niederschlag nicht nur im Nachdenken über künstlerische Produktionsprozesse, sondern führt zur Idee einer Empfänglichkeit, die das Handeln inspiriert. In der Sensibilität für dasjenige, was zukommt und geschieht, ist – wie bereits bei Lévinas anklingt – sowohl ein ethischer als auch ein politischer Sinn zu erblicken.

II. PASSIVITÄT ALS WIDERSTANDSFORM

In der abendländischen Philosophie gehört der Begriff »Passivität« sicherlich zu den am stärksten marginalisierten Konzepten. Dies hat seinen Grund darin, dass er dem Register der Sinnlichkeit zugeordnet wird, dem der Verstand gegenübersteht. Der Geist ist aktiv, die Sinne sind bloß passiv. Die Verstandestätigkeit rangiert in der Werteskala der Philosophen dabei bekanntlich deutlich höher als die rezeptive Sinnlichkeit. An diese Grundunterscheidung von Aktivität und Passivität lässt sich eine ganze Reihe weiterer Oppositionspaare anfügen, die mit der gleichen Hierarchisierung einhergehen – wie der Unterschied von Vernunft und Gefühl, Geist und Materie oder von Form und Stoff. Und immer hat man es in der Tradition mit einer Abwertung des passivischen gegenüber dem aktivischen Part zu tun. In der neuzeitlichen Philosophie erfährt die Befürwortung der Aktivität eine weitere Steigerung. Die moderne Selbstauslegung des Menschen hebt nicht nur auf das Bewusstsein, sondern auch auf das autonome Handeln ab. Das Subjekt gilt als frei, sich selbst bestimmend und aktiv. Die Kehrseiten des Handelns, die Heteronomie, das Erleiden, aber auch die Neigungen und das Geschehenlassen rücken an den Rand der Betrachtung.

Obgleich die Geschichte der Philosophie einer Marginalisierung der Passivität gleichkommt, lassen sich Spuren ihrer Hochschätzung aufweisen. Ihre positive Bewertung reicht bis in die Antike zur Bestimmung der Muße zurück, sie wird später massiv verdrängt von der großen Sorge um die Todsünde der Trägheit in der christlichen Ethik und kehrt wieder in einer Ästhetik der Werklosigkeit in der Frühromantik[14] sowie im Einklagen eines Rechts auf Faulheit als Gegenentwurf zum Marx'schen Recht auf Arbeit bei Paul Lafargue.[15] Vor allem aber die Künste gelten als ein Bereich,

14) Siehe hierzu Pontzen, *Künstler ohne Werk*

15) Lafargue, *Das Recht auf Faulheit*

in dem nicht nur das Tätigsein zählt, sondern mindestens in gleichem Maße auch dem Passivischen, den Obsessionen, Spleens und anderen Formen der unproduktiven Verschwendung und unwillkürlichen Abschweifung Raum gegeben wird. Traditionell sind die Künste der Ort einer Beschäftigung mit Affektionen, dem Zufälligen und Inkommensurablen, sodass sich in ihnen »eine Kultur der Tat und eine Kultur des Werkes brechen und reflektieren«[16] kann. In der Literatur findet man die großen Helden der Passivität, die »Athleten des Zauderns«,[17] wie etwa Hamlet, die Figuren Kafkas oder am prominentesten Bartleby, von dem noch ausführlich zu sprechen sein wird.

Die Gründe, die in der Tradition für eine Abweisung von Arbeit oder Produktivität geltend gemacht werden, sind durchaus variantenreich. So beruht etwa die antike Vorstellung der Muße weniger auf einer Verweigerung praktischer Tätigkeiten, sondern auf einer Hochschätzung des Denkens, das nur im Müßiggang möglich sei, weil es ein Freisein von den praktischen Anforderungen des Lebens zur Voraussetzung habe. Nur aus den Zweckzusammenhängen herausgesetzt, sei man zur philosophischen wie ebenso zur politischen Weisheit fähig. Erst in der Neuzeit wird das Denken als wissenschaftliche Tätigkeit selbst zur Arbeit und damit aus dem Umkreis der Muße herausgelöst. Als Reaktion auf diese Subordination des Denkens unter die Ansprüche einer verrechnenden Rationalität wird in der Frühromantik noch einmal der Müßiggang hochgehalten, wenn etwa Friedrich Schlegel behauptet, Denken und Dichten seien überhaupt »nur durch Passivität möglich«[18] – wobei diese als »eine absichtliche, willkührliche«[19] vorgestellt wird.

Auch Trägheit, Faulheit und Langeweile gehören neben dem Müßiggang in jene Reihe von Verweigerungen, die – als Widerstandsformen interpretiert – den dominanten

16) Vogl, *Über das Zaudern,* S. 24

17) Ebd., S. 107

18) Schlegel, *Lucinde,* S. 40

19) Ebd.

Moralvorstellungen widerstreben. Im Christentum wird die Trägheit als Einspruch gegen Gottes wohlgelungene Schöpfung verstanden; neuzeitlich gewendet, dient sie dazu, am unbefragten Fortschrittsglauben Zweifel anzumelden. In ihrer säkularisierten Form als Faulheit formuliert sich der Vorbehalt gegenüber dem bürgerlichen Ideal der Arbeit, einer an Nützlichkeit und striktester Leistungsanforderung orientierten Gesellschaft. Und sie lässt sich schließlich als Aufbegehren gegen den Imperativ existenzieller Selbstbestimmung und Selbstverwirklichung verstehen, der in sublimer Form in Kontrolle und Normierung umzuschlagen droht.[20]

Im Unterschied zu diesen Ansätzen werden in den derzeit interessantesten Theorien zur Passivität nicht Begriffe wie Muße, Trägheit oder Langeweile wiederbelebt. Während Konzepte wie Müßiggang und Faulheit, die sich gegen die christliche Heilsökonomie und die Ideologie der Modernisierung gleichsam stemmen, als Widerstandsformen fungieren, zielt die heute auffällige Befürwortung der Passivität auf das, was Letztere ermöglicht. Passivität wird weniger als Verweigerung geschätzt, ihr wird vielmehr aufgrund der gesteigerten Berührbarkeit zugetraut, andere Erfahrungen zu ermöglichen.

Diese Wendung lässt sich exemplarisch an der viel zitierten Figur des Flaneurs aufzeigen, der Walter Benjamin – der unter anderem aufgrund seines Interesses am Surrealismus, an Traum und Rausch, für die Vorzüge des Passivismus sensibilisiert war – in seinem *Passagenwerk* die schönsten Beschreibungen gewidmet hat. Der Flaneur ist jemand, der sich voll und ganz dem verschwenderisch unnützen Umherstreifen in der Stadt hingibt, wobei seine Passivität darin zum Tragen kommt, dass er dem »Magnetismus«[21] der Straße, der Anziehungskraft von Orten erliegt. Der Flaneur wählt seine Wege nicht eigenmächtig, sondern er lässt sich bewegen und folgt nur geradewegs dem, was ihn leidenschaftlich anzieht.

20) Vgl. Pynchon, »Nearer, my Couch, to Thee«

21) Benjamin, *Das Passagen-Werk,* S. 525

Seine Passivität verdankt sich dem Entschluss, sich von anderen als den eigenen Absichten leiten zu lassen. Warum? Weil der Flaneur dem unbedingten Wunsch folgt, von sich selbst suspendiert zu sein. Es ist – wie Benjamin schreibt – ein »anamnetische[r] Rausch«,[22] der ihn überkommt und ihn unablässig durch die Stadt streifen lässt, sodass er, kehrt er nach Hause zurück, dem Eigenen befremdet gegenübersteht. Aber auch die Stadt zeigt ihm ein anderes Gesicht. Dieser »Einschlag rauschhafter Erfahrung«,[23] dieses gleichsam paranoische Vermögen ermöglicht es dem Flaneur, nicht nur das präsent Gegebene zu bemerken, sondern alles, was im Raum »potentiell geschehen ist«,[24] wahrzunehmen. In das Gegenwärtige dringt das Vergangene oder Künftige, in das Nahe die Ferne[25] und in das Eigene etwas Befremdliches ein. In jedem Fall zeigt sich dem Flaneur das scheinbar Offensichtliche als Zweideutiges und wie von seinen Gegensätzen heimgesucht. Ambivalenz als die Gleichzeitigkeit einander widerstreitender Gefühle und der Zweifel als Schwanken zwischen entgegengesetzten Wahrheiten sind die doppelbödigen Zustände, in die alles passive, abschweifende und ziellose Verhalten einen geraten lässt. Hinzu kommt der Hang zur Tagträumerei, welcher »die eigentliche Stärke der Trägheit gegenüber dem Menschen [aus]macht«.[26] Wenn im Sog der Träumerei die zögernde Unschlüssigkeit zu einer Art »Beschwingtheit«[27] wird, dann ließe sich dies vielleicht dahingehend interpretieren, dass die in den Tagtraum gespülte Realität ihre Kehrseite freilegt und die unausgeschöpften Chancen zu sehen gibt. Im Flanieren realisiert sich der »Menschheitstraum vom Labyrinth«[28] im Sinne des Verirrens, und was wäre dies anderes als die Eröffnung einer

22) Ebd.
23) Ebd., S. 527
24) Ebd.
25) Vgl. ebd., S. 528
26) Ebd., S. 533
27) Ebd., S. 536
28) Ebd., S. 541

Erfahrung im strengen Sinne, wenn dies bedeutet, nicht dort wieder anzukommen, wo man losgegangen ist. Benjamin schreibt: »Der flânerie liegt neben anderm die Vorstellung zu Grunde, daß der Ertrag des Müßigganges wertvoller (?) sei als der der Arbeit. Der flâneur macht bekanntlich ›Studien‹.«[29] Er recherchiert – dabei allerdings, labyrinthisch, anderem nachspürend, als dem, was man voraussehen könnte. Das macht das Reizvolle an der passiven Haltung aus, dass sie das nie Gesuchte finden lässt.

Das Entscheidende an der Passivität ist also nicht das Nichtstun als Selbstzweck, sondern das, was einem währenddessen an anderem passiert. Ihre Bedeutung liegt in der Freisetzung des Ichfernen oder Fremden, das nur dann eintritt, wenn man sich enthält, eine Situation zu bestimmen, und sich im Gegenzug von ihr bestimmen lässt.

Es ist dieses Auftauchen des Fremden, in dem sich die kulturtheoretische Bedeutung der Passivität abzeichnet, die in den heutigen Kulturwissenschaften oftmals zu kurz kommt, wenn üblicherweise als kulturkonstitutive Faktoren ausschließlich Handlungen und Hervorbringungen, Einrichtungen und Produktionen definiert werden.

29) Ebd., S. 567

III. KULTURTHEORIE DER PASSIVITÄT

Zum Gegenstandsbereich der Kulturwissenschaften zählt man gemeinhin die Gesamtheit der menschlichen Tätigkeiten und ihrer Resultate. Ernst Cassirer charakterisiert die Kultur durch aktive Ausdrucksformen. Aller Kultur lägen Aktionen zugrunde und nicht »einfache Geschehnisse [... oder] unwillkürliche Reaktionen«.[30] So einleuchtend es sein mag, Kultur als etwas menschlich Geschaffenes über Praktiken, Artefakte und Institutionen zu bestimmen, so wird mit dieser Kennzeichnung doch ausgeklammert, was diesen Handlungen und Hervorbringungen als ihr Anstoß vorausgeht, aber auch, was dem selbstbestimmten Handeln an Unwillkürlichem entgeht und dennoch kulturell höchst wirksam ist. Das heißt umgekehrt, mit der Inblicknahme der Passivität tritt hervor, was zur Aktivität motiviert und zur Tat treibt, diese flankiert oder überschreitet, mithin das, was sich nicht herstellen lässt, was nicht im Ermessen des Subjekts als Kreator liegt, will sagen: all jene Kräfte, die sich nicht vollständig aneignen und in Wissen überführen lassen. Mit der Ausrichtung auf die Spontaneität und Aktivität des Menschen werden all diejenigen Aspekte ausgeklammert, die sich bei genauerer Betrachtung als unhintergehbar für kulturelle Leistungen herausstellen. Bereits bei Friedrich Nietzsche findet man die Einsicht, dass, weil unsere Handlungen nicht vollständig in unserer Macht liegen, wir in unserem Tun – wie er formuliert – immer auch getan werden. Die Menschen, so schreibt er, hätten »zu allen Zeiten das Activum und das Passivum verwechselt«[31] und sich fälschlicherweise als Urheber und Autoren ihrer Handlungen stilisiert. Damit wurde das Passivische abgewertet und dasjenige als zweitrangig deklariert, was als Angehendes und Affizierendes den Ermöglichungsgrund menschlicher Praktiken

30) Cassirer, *Zur Logik der Kulturwissenschaften,* S. 51

31) Nietzsche, *Morgenröthe,* S. 115

und ihrer kulturellen Bedeutung bildet. Auch mit Nietzsche hätte man also alle Aktivität auf ihre Kehrseiten zu befragen, indem man zeigt, dass die scheinbare Spontaneität des Handelns und Hervorbringens von Kräften durchzogen ist, denen der Handelnde erliegt – so als würde bei jeder Aktion der Halbpart einer Passion eingetrieben werden.

Um die Abgrenzung gegenüber einem handlungs- und werkorientierten Verständnis von Kultur zu stützen, ließe sich auch an eine fast in Vergessenheit geratene Bestimmung von Kultur erinnern, die sie als einen Ausdruck von Ergriffenheit versteht. Damit ist gemeint, dass die Genese von Kultur an Formen des Aus-sich-Heraustretens, des Exzentrisch- oder Ekstatisch-Seins gebunden ist. Aus dieser Perspektive gelten Enthusiasmus, Ekstase, Besessenheit und Rausch als Grundbedingungen von Kultur. Passionen als konstitutive Momente der Kultur erstrecken sich über die verschiedensten Bereiche: von magischen Ritualen und religiösen Kulten über Wahrsagerei und Ekstasepraktiken bis hin zur künstlerischen Inspiration. Schon Platon bedenkt Besessenheit oder Manie als eine Bedingung philosophischer und künstlerischer Hervorbringungen.[32] Sie gilt ihm als eine Form heiligen Wahnsinns und ist nur unter Ausschluss des Verstandes möglich. Der Furor als Gabe göttlicher Begeisterung verschafft Zugang zu Erkenntnisquellen, die jenseits von Vernunft und Bewusstsein anzusiedeln sind. Insbesondere in der Literatur hat die Idee einer inspirierenden Besessenheit mit der Vorstellung eines Sprechens in fremden Zungen in der europäischen Kultur überwintert. Auch in der bildenden Kunst, am deutlichsten im Surrealismus, wird dem, was jenseits der künstlerischen Intention zur Darstellung strebt, im Werk ein Aufführungsort gewährt. Bei allen Unterschieden stimmen diese Ansätze darin überein, dass Kultur an die Erfahrung partieller Unverfügbarkeit gebunden ist. Es ist gerade die Erfahrung des Nicht-Begreifbaren, die Kultur in Gang setzt. Kulturelle Leistungen verdanken sich in ganz wesentlichem Maße Phänomenen der Fremd-

32) Vgl. Platon, *Ion*

heit, wie sie sich in all diesen passiven Formen der Besessenheit verkörpern und die somit als die eigentlichen Agenten und als Movens von Kultur geltend zu machen sind.

In jüngerer Zeit hat Hans Blumenberg einen etwas anders gearteten Versuch unternommen, den Ursprung der menschlichen Kultur nicht im Handeln, sondern in seiner Unterbrechung, nämlich im Zögern zu verorten. Nicht zu reagieren, alles Tun einzuklammern oder in die Schwebe zu versetzen, sei der Keim der Kultur. »Alles Leben« – gemeint ist das organische Leben – »strebt danach, seine Antworten auf die Fragen, die sich ihm stellen, unverweilt und unbedenklich zu geben ... Der Mensch allein leistet sich die entgegengesetzte Tendenz. Er ist das Wesen, das zögert.«[33] Blumenberg zeichnet hier die Menschwerdung in einem wie immer fiktiven Bild des Urmenschen nach, der interessanterweise als tatenloser Melancholiker erscheint, wenn es weiter heißt: »Die riskante Unentschiedenheit vor der Alternative *Flucht oder Angriff* mag der erste, in keiner Ausgrabung jemals nachweisbare Schritt zur Kultur als einem Verzicht auf die raschen Lösungen, die kürzesten Wege gewesen sein.«[34] Der Aufschub der Aktion, das Innehalten und Hadern stünden am Anfang der Kultur. Schon Nietzsche meinte, das Vermögen, »auf einen Reiz *nicht* sofort [zu] reagieren, sondern die hemmenden, die abschließenden Instinkte in die Hand [zu] bekommen«, sei die »erste Vorschulung zur Geistigkeit«.[35] Es ist vor allem das insistierende Beharren auf »Fragen, die wir nicht beantworten können«,[36] das den Menschen kultiviert. Die dem Zögern geschuldete Nachdenklichkeit suspendiert demnach nicht nur die Aktion, sondern schiebt die Möglichkeit eines gesi-

33) Blumenberg, »Nachdenklichkeit«, S. 57

34) Ebd.

35) Nietzsche, *Götzen-Dämmerung,* S. 108. Wobei Nietzsche die hemmende Kraft interessanterweise gerade nicht auf einen starken Willen zurückführt – im Gegenteil: »das Wesentliche daran ist gerade, *nicht* ›wollen‹, die Entscheidung aussetzen *können*« (S. 109).

36) Vgl. Blumenberg, »Nachdenklichkeit«, S. 61

cherten Wissens auf. Denn der Nachdenkliche zaudert auch in Bezug auf die Erkenntnis. Der Ertrag besteht nicht im eingeholten Wissen, sondern in der Eröffnung eines Reflexionsraumes. Er bedeutet »ein Erlebnis von Freiheit«, allerdings, so wäre zu präzisieren: einer »Freiheit der Abschweifung«[37] – also keine Freiheit des Willens, die der Notwendigkeit klassischerweise gegenübersteht, sondern eine Freiheit, die mit der Passivität verschwistert bleibt, eine Freiheit des Abdriftens und Sichverlierens. Damit klingt die Idee kulturellen Überflusses, des Unnützen oder der Verausgabung an, kurzum: die Negation bloßer Zweckrationalität. Die Nachdenklichkeit ist nicht auf Problemlösung gerichtet. Es ist mehr eine Hingabe an das zu Denkende anstelle einer gesteuerten Verstandestätigkeit. So wie es die großen Zauderer betreiben, die – wie etwa Hamlet – zögern, weil sie Kräften ausgeliefert sind, denen sie erliegen.[38]

Klassischerweise hat man in solchem Zögern eine »in sich selbst berechtigte Macht des Gemüts« gesehen und darin »ein[en] wesentliche[n] Gehalt der Vernünftigkeit und des freien Willens«[39] dingfest gemacht. Und zwar deshalb, so argumentiert Hegel, weil sich der Zögerliche Gewissheit zu verschaffen sucht, ehe er zu handeln beginnt. Etwas anderes legt Blumenbergs Begriff der Nachdenklichkeit nahe, der die Unabgeschlossenheit und Ergebnislosigkeit des Zögerns prononciert, weil es seit dem Zögern keine Gewissheit mehr gebe und die willentliche Entscheidung aufgeschoben in den Strudel des Ausweichens und Abweichens geraten sei. Der Zögernde verheddert sich. Vielleicht kennt die zaudernde Nachdenklichkeit nur ein einziges stichhaltiges Ergebnis, nämlich: dass das Gegebene nicht mehr für so selbstverständlich zu nehmen ist wie zuvor,[40] weil das, was ist, anders sein könnte. Und damit ist sicherlich ein zentraler Punkt der Potenzialität von Passivität benannt.

37) Ebd., S. 58

38) Siehe hierzu Vogl, *Über das Zaudern*

39) Hegel, *Vorlesungen über die Ästhetik,* S. 301

40) Vgl. Blumenberg, »Nachdenklichkeit«, S. 61

Aber wer sind die heutigen Zauderer, die »Helden« des Zögerns und der Passivität? Thomas Pynchon, der einen kleinen geschichtlichen Abriss über die »Todsünde der Trägheit«[41] verfasst hat, sieht ihre heutige Gestalt in den Medienkonsumenten und Fernsehzuschauern, die zur Untätigkeit verdammt scheinen. Aber damit hätte man einmal mehr die Passivität mit dem Nichtstun verwechselt. Nein, die heutigen Zauderer sind eine neue Art frenetisch Forschender, die es auf eine Artistik des Verwirrens angelegt haben und sich gegen das wissenschaftliche Wissen verwehren wie der Flaneur gegen die Effektivitätsgebote der Moderne. Für diese neue und andersgeartete Form der Forschung, wie man sie in der zeitgenössischen Kunst ebenso findet wie in mancher Gegenwartsphilosophie, ist das Verharren im Zögern so wesentlich, weil es einer Anwendung von Wissen widersteht. Informationen lassen keine Fragen offen, sie scheinen passgenau und unumstößlich das Fragliche zu beantworten. Anders im Zaudern, in dem alles in den Strudel des Fragwürdigen gerät. Während der Wissende das Unbekannte auf bereits Bekanntes zurückführt und damit erklärlich macht, lässt sich der Zögernde vom Bekannten zum Unbekannten treiben. Für eine solche sich der Passivität verschreibende Forschung ist keineswegs nur der durch das Innehalten ermöglichte Denkraum wesentlich; auch hier reicht die Passivität weiter und betrifft mehr als nur die Vorbedingung von Nachdenklichkeit. Denn das Denken selbst ist von anderen Kraftlinien durchzogen, es hat sein wesentliches Momentum im Affiziertsein, nicht im Vollzug. Es wird nicht ausschließlich betrieben, es wird auch erlitten.

Roland Barthes hat in nahezu systematischer Form dieses passionierte Denken zu einem Verfahren erhoben, in dem Phantasmen das Movens des Forschens bilden. Damit

41) Vgl. Pynchon, »Nearer, my Couch, to Thee«

wird einer Denkbewegung Geltung verschafft, die von der Passivität des Denkenden lebt.[42] Barthes entwickelt diese Überlegungen, indem er sich auf eine Unterscheidung zwischen Methode und Kultur stützt, die er von Deleuze übernimmt, der sie seinerseits im Rückgriff auf Nietzsche einführt. Die Gegenüberstellung von Methode und Kultur scheint auf den ersten Blick merkwürdig unausgewogen und schief zu sein, würde man doch die Methode als Verfahren der Wissenschaften durchaus als kulturelle Leistung gelten lassen. Mit der Entgegensetzung von Methode und Kultur ist aber etwas anderes gemeint, das man versteht, wenn man auf den Text von Nietzsche zurückgeht, in dem es um Fragen der Kultivierung des Selbst geht, um die *paideia,* die Geisteskultur, also um das, was heutzutage mit dem Begriff der Bildung belegt wird. Der Methode zum Zwecke wissenschaftlicher Erkenntnisgewinnung steht die Kultur im Sinne der Kultiviertheit oder Bildung gegenüber, insofern Letztere eine Erfahrung einschließt, die den Wissenden selbst verändert. Entscheidend ist nun aber nicht die eher konventionell zu nennende Gegenüberstellung eines bloß äußerlich verbleibenden Wissensbestandes und eines verinnerlichten Bildungswissen, sondern dass sich Bildung oder Kultur für die genannten Autoren in hohem Maße an eine Erfahrung der Passion oder Passivität knüpft und im Unterschied zum humanistischen Bildungsbegriff mit einer partiellen Enteignung oder Unverfügbarkeit verbunden ist, während die Methode eine Verfügbarkeit von Wissen garantieren soll.

Die Methode setzt – wie Deleuze schreibt – »immer einen guten Willen des Denkers voraus«,[43] sie ist eine bewusst gewählte Vorgehensweise, ein dem Wissenschaftler verfügbares Mittel, das voll und ganz seiner Entscheidung unterliegt. Die Methode wird wissentlich eingesetzt, kontrolliert ausgeführt und möglichst geradlinig zur Erlangung eines Resultats verfolgt. Alles untersteht anscheinend den

42) Barthes, *Wie zusammen leben,* S. 37

43) Deleuze, *Nietzsche und die Philosophie,* S. 119

begründeten Entscheidungen des Wissenschaftlers. »Die Kultur demgegenüber stellt einen vom Denken erlittenen Gewaltakt dar«[44] – sie wäre, anders als man gemeinhin annimmt, kein willentlicher Akt, keine entschiedene Praxis der Selbstkultivierung, sondern, wie Deleuze – Nietzsche paraphrasierend – weiter schreibt, »eine Formation des Denkens unter der Hand züchtender Kräfte, eine Dressur, die das gesamte Unbewußte des Denkens mit einbezieht«.[45] Im Unterschied zur Zielgerichtetheit der wissenschaftlichen Forschung, die all jenes ausschließt, was den Forschenden affizieren könnte, was ihm an Bedingtheiten anhaftet und wovon er – unwissentlich – bestimmt ist. »Das Subjekt verzichtet … auf das, was es von sich selbst nicht kennt«,[46] denn es bringt, wenn es den Methoden folgt, nur dasjenige ein, was es bewusst und willentlich beherrschen kann. Indem es sich aber das versagt, was es von sich selbst nicht kennt – sein Unbewusstes –, verzichtet das Subjekt zugleich auf »seine Unbeugsamkeit, seine Kraft«.[47] Das methodische Vorgehen der Wissenschaften stilisiert das Ergebnis, es »fetischisiert das Ziel« der Forschungen »als privilegierten Ort, zum Nachteil anderer möglicher Orte«,[48] Räume und Fundstätten, etwa derjenigen, die sich auf Umwegen ergeben und unerwartet einstellen, aufgrund unintendierter Erfahrungen, deren Erträge man im Verlauf der Forschungen in labyrinthischen Wegen findet, auf die man aufgrund dessen gelangt ist, was sich in einem »unbeugsam« nicht dem wissenschaftlichen Vorgehen fügt, also immer dann, wenn man symptomatischerweise zaudert oder zögert, wenn Fehlleistungen und Gegenkräfte die Striktheit der Methoden anzuwenden verbieten.

Die Kultur oder Bildung als der Gegenbegriff zur Methode wird interessanterweise – wie bereits zitiert – als ein »vom

44) Ebd.

45) Ebd.

46) Barthes, *Wie zusammen leben,* S. 38

47) Ebd.

48) Ebd., S. 215

Denken erlittener Gewaltakt« bezeichnet. Die Kultur ist also das, was uns nicht zur Entscheidung steht, eine »Formation des Denkens«,[49] innerhalb deren wir denken und die uns die Grenzen und Möglichkeiten des Denkbaren setzt. Also eine Formierung des Denkens, »die das gesamte Unbewußte des Denkens mit einbezieht«.[50] Barthes hat diese Kultur des Denkens im Unterschied zur wissenschaftlichen Methode im Sinne »eines unschlüssigen, regellosen Vorgehens auf exzentrischer Bahn«[51] umschrieben, als würde man »zwischen Wissensbrocken herumsuchen, Wissensgrenzen mißachten, Wissensbestände abschmecken«.[52] Hier werden Kräfte berücksichtigt, die überschüssig sind, ziellos, ein nicht-intentionales Denken, das sich vom Unbewussten forttragen lässt. Auf diese Kräfte, die die »Formation des Denkens« bilden und die nicht aktiv gebildet werden, sondern die dem passiven Untergrund des Denkens angehören – das wäre der Unterschied zum klassischen humanistischen Bildungsbegriff – auf diese Kräfte also zu achten, wäre ein Verfahren der Wissensbildung jenseits des wissenschaftlichen Methodenzwangs. Die damit verbundene Einstellung ist die »äußerster Wandelbarkeit«; »man verfolgt keinen Weg, sondern führt vor, was man gerade gefunden hat«,[53] man exponiert sich. Weniger das Ziel ist entscheidend als vielmehr die Tatsache des Ausbreitens der jeweiligen Ausbeute. Die Exposition bleibt unvollständig, sie ist also nicht erschöpfend und evoziert mehr, als sie feststellt. Diese Nicht-Methode hat zudem, wie Barthes einklagt, »ein unbeschränktes Recht auf Abschweifung«.[54] Es wäre sogar eine Forschung vorzustellen, die aus nichts anderem als aus Abschweifungen besteht, in denen das Thema also nur den Anstoß gibt und lediglich sehr vage durchklingt. Die Kräfte, die solches

49) Deleuze, *Nietzsche und die Philosophie,* S. 119

50) Ebd.

51) Barthes, *Wie zusammen leben,* S. 38

52) Ebd.

53) Ebd., S. 215

54) Ebd., S. 217

Denken leiten, sind zuvörderst »die Kraft des Begehrens« und »die Figur des Phantasmas«.[55] Was ist ein Phantasma? Barthes schreibt dazu: »Wiederkehrendes Begehren, Bilder, die in uns herumschleichen, einander suchen, manchmal ein ganzes Leben lang, und sich erst bei der Begegnung mit einem bestimmten Wort herauskristallisieren. Dieses Wort, dieser entscheidende Signifikant, macht das Phantasma seiner Erforschung zugänglich. Seine Ausbeute durch verschiedene Wissensbrocken = Forschung. So wird das Phantasma abgebaut wie ein Flöz im Tagebau.«[56]

Es bedarf des Anknüpfungspunktes, Barthes nennt es ein »Zauberwort, mit dem sich das Phantasma in ein Feld des Wissens«[57] und der Recherche transformiert. Mit dem Wort wird der Bereich des Wissbaren und der Theorien aufgeschlossen. Gleichwohl wirken die »Kräfte, die dem Phantasma den Weg in den Bereich des Wissens, zum Bildungsgut bahnen«, keineswegs »geradlinig«, auch sie »unterliegen unvorhersehbaren Schwankungen«.[58] Dieses gleichermaßen schwankend wie passionierte Forschen hat wie das Zögern einen ethischen Impuls, wenn es vom Gewissen zum Ungewissen übergeht. Das wäre das Vermögen der Passivität im Feld des Denkens, dass sie das Wissen in die Möglichkeitsform erhebt, indem sie das, was »die Wissenschaft ›festgestellt‹ hat«, modifiziert. Sie kann – nach einer berühmten Formulierung Benjamins – »das Unabgeschlossene (das Glück) zu einem Abgeschlossenen und das Abgeschlossene (das Leid) zu einem Unabgeschlossenen machen«.[59]

55) Ebd., S. 39

56) Ebd., S. 42

57) Ebd., S. 43

58) Ebd., S. 48

59) Benjamin, *Das Passagen-Werk,* S. 589

Passivität, so viel lässt sich schon jetzt sagen, ist in weitaus größerem Umfang als man meint in die kulturellen Hervorbringungen involviert. Wenn die Kulturwissenschaften in ihrer traditionellen Ausrichtung auf Praktiken und Produktionen zum einen ihren passiven Untergrund vergessen, dann entgeht ihnen zum anderen die der Passivität inhärente Potenzialität aufgrund der Belegung der kulturellen Erzeugnisse mit Sinn. Es erscheint aber – mit Blick auf die erwähnten Phänomene wie Besessenheit und Phantasma – wenig überzeugend, allen Figuren der Sinnabstinenz oder -verausgabung kulturelle Bedeutung abzusprechen. Vielmehr lässt sich die Gegenthese aufstellen, dass gerade das zu kulturellen Erfindungen treibt, was einem als Unverständliches oder Unbegreifbares, aber doch Affizierendes begegnet. Während es also einerseits falsch ist, die kulturellen Aktivitäten von ihren passiven und affektiven Untergründen lösen zu wollen, so ist es andererseits verkürzend, Kultur auf das Begreifbare und Verstehbare zu reduzieren und jede Form der Fremdheitserfahrung als unwesentlich abzuwerten.

Es ist deshalb nicht verwunderlich, dass erst mit der philosophischen Nobilitierung von Fremdheit oder Alterität Ansätze bereitstehen, den Begriff der Kultur vom Produktionsparadigma und seinen konstruktivistischen Verkürzungen zu lösen. Man kann Lévinas folgen, der die vielleicht elaborierteste Theorie des Anderen entworfen hat und die philosophische Bestimmung der Idee der Kultur für ihre unbefragte Tendenz kritisiert, Fremdheit zu bannen. Die Reduktion des Fremden sei der Grund für die enge Verschlungenheit von Kultur und Wissen. Für Lévinas ist diese Ausrichtung auf das Sinnhafte und das Verstehen deshalb problematisch, weil mit ihr das »Zur-Verfügung-Gestelltsein und In-Reichweite-Sein«[60] einhergeht, in dem jegliches

60) Lévinas, »Philosophische Bestimmung der Idee der Kultur«, S. 218

Unbekannte »seiner Andersheit bereits beraubt«[61] ist. Kultur werde traditionell mit Handhabe, Bewältigung, Aneignung oder Verarbeitung von Alteritätserfahrung kurzgeschlossen, wobei die eigentliche Dynamik der Kultur unerfasst bleibt. Denn gerade das, was auf eine irreduzible Weise für das Wissen und Verstehen undurchdringlich ist und sich als Anderes nicht in das Bekannte oder Vertraute einordnen lässt, sei kulturbildend. Umgekehrt heißt, eine Fremderfahrung zu machen, in seinem eigenen Vermögen infrage gestellt zu sein. Sie bedeutet ein »Können, das aus Unvermögen besteht«,[62] und verschafft eine Erfahrung, »in der Bedeuten unaufhebbare Verwirrung bleibt«.[63] Die Bedeutungszuschreibungen schlagen angesichts des Fremden deshalb fehl, weil es sich bemerkbar macht, indem es sich dem Zugriff entzieht. Eine Erfahrung von Alterität zu machen bedeutet gerade, dem Anderen gegenüber ausgeliefert zu sein, im Sinne einer Ausgesetztheit ihm gegenüber, die das Beunruhigende des Fremden nicht zu parieren vermag. An dieser Stelle setzt philosophisch die Rehabilitierung der Passivität ein, weil die Art und Weise, wie Alterität begegnet, notwendig das Vermögen des Subjekts suspendiert.

Bereits die Surrealisten hatten aus diesem Grunde Verfahren der künstlerischen Produktion entwickelt, die sich jenseits des Könnens und der Beherrschung entfalten. André Breton nennt im *Ersten Manifest des Surrealismus* ausdrücklich die Passivität als die Vorbedingung zur *écriture automatique:* »Versetzen Sie sich in den passivsten oder den rezeptivsten Zustand, dessen Sie fähig sind. Sehen Sie ganz ab von Ihrer Genialität, von Ihren Talenten und denen aller anderen.«[64] Am Quellpunkt des literarischen Schreibens habe man sich einem Geschehen zu überlassen, in dem die Sprache selbst die Führung übernimmt. Sprache wird nicht eingesetzt, um

61) Ebd., S. 219

62) Lévinas, »Die Spur des Anderen«, S. 226

63) Ebd., S. 228

64) Breton, »Erstes Manifest des Surrealismus«, S. 29

Wirkungen zu erzielen, sie ist nicht Instrument der Produktion, im Gegenteil, sie ist das Medium, um den eigenen Willen, die bewussten ästhetischen Entscheidungen und das bisherige Wissen zu suspendieren.

Diese surrealistische Auffassung einer den Produktionsprozess begünstigenden passiven Haltung ist noch überboten worden von Maurice Blanchot, der den Begriff der Archi-Passivität in die Diskussion eingeführt hat. Nicht nur das literarische Schreiben, bereits die Befähigung zur Sprache ist nach Blanchot von Passivität bestimmt, wobei er anders als die Surrealisten nicht eine Passivität meint, die man willentlich einsetzt oder zu der man eigens »fähig« ist.[65] Es ist eine radikalere Passivität gemeint, die weder gekonnt noch vermocht wird. Man überlässt sich ihr nicht aus freien Stücken. Es ist eine fundamentale Weise des Überantwortetseins, die im Schreiben zutage tritt.[66] Diese Passivität ist weit mehr als ein literarisches Verfahren, durch das man sich – die Willkür, Beherrschung, Intention aufhebend – der Macht der Sprache, dem Unbewußten oder Zufälligen willentlich hingibt, um zu einer anderen, vielleicht gesteigerten künstlerischen Produktivität zu gelangen. Nicht eine Passivität im Dienste der Aktivität, wie man sie aus den Überlegungen zur Muße als Vorbedingung dichterischer Hervorbringungen seit der Antike kennt, ist bei Blanchot die leitende Vorstellung, sondern eine nicht wählbare Ur-Passivität, der man vor jeder Anwendung von Strategien überantwortet ist. In dem Maße, wie der Schreibende die Erfahrung macht, nicht Herr der Sprache und nicht im Besitz der Worte zu sein, gerät er »in dauernde Verbindung mit der

65) Siehe hierzu einschlägig Gelhard, *Das Denken des Unmöglichen,* S. 16ff.

66) Bei Blanchot verdankt sich die Freilegung der Archi-Passivität, die ihn zu einer Steigerung des surrealistischen Verfahrens bewegt, einer Auseinandersetzung mit Heideggers *Sein und Zeit.* Seine Überlegungen können als eine literarische Übersetzung von Heideggers Konzept der Geworfenheit interpretiert werden. Vgl. Gelhard, *Das Denken des Unmöglichen,* S. 23f.

tiefen Passivität«.[67] Sie beruht darin, der Sprache unterworfen und zugleich von ihr gebannt zu sein: »der unentschiedene Augenblick der Faszination«, in dem man die Sprache zugleich als das »Unfaßbare« wie als das »Unaufgebbare« empfindet,[68] das nicht zu beherrschen ist.[69] Dies führt zu einem Schreiben, in dem »das Wort nicht mehr spricht, sondern ist und sich der reinen Passivität des Seins weiht«.[70]

67) Ebd., S. 13

68) Ebd.

69) Vgl. Derrida, *Bleibe,* S. 24

70) Blanchot, *Die wesentliche Einsamkeit,* S. 17

VI. POTENZIERTE PASSIVITÄT

Lévinas hat diese Überlegungen von Blanchot nochmals radikalisiert, indem er in den passiven Momenten des literarischen Schreibens eine unhintergehbare Bedingung des von Fremdheit affizierten Subjekts erblickt. Was sich bei Blanchot in der Kunst zeigt, dass nämlich »nicht im Vermögen das Äußerste des Menschlichen«[71] zu verorten ist, verweist nach Lévinas auf eine die menschliche Existenz ebenso grundlegend wie abgründig bestimmende Passivität, die der Begegnung mit Alterität geschuldet ist. Für ihn vermittelt die Literatur von Blanchot die Erfahrung, über das Gegebene, das Bekannte und Eigene hinauszugelangen, um in den Bereich des Fremden und Andersgearteten vorzudringen. Nicht die Überwindung des Nützlichen und auch nicht die Sublimierung des Wirklichen bestimmen das Wesen der Kunst, vielmehr artikuliert sie eine »Fremde in der *Welt*«[72] – und es ist diese Kennzeichnung, die den Weg zu einer radikalisierten Passivität weist. Denn wenn Kunst die Erfahrung des Heterogenen ermöglichen soll, dann muss »das Andere … erscheinen, d. h. für jemanden sein, ohne damit schon seine Andersheit und Exteriorität einzubüßen«.[73] Deshalb ist die alles entscheidende Frage: »Wie kann es ein Erscheinen ohne Vermögen geben?«[74] Auf welche Weise kann es gelingen, den Raum des eigenen Könnens zugunsten des Nicht-Eigenen und Fremden zu überschreiten? Es charakterisiert die Literatur – dies schätzt Lévinas an Blanchot –, ein Schreiben zu realisieren, das sich jenseits des Vermögens hält und das gerade im Unvermögen der Alterität Raum gibt. »Wenn Anschauung und Wissen in einem *Vermögen* über ihren Gegenstand bestehen, in der Herrschaft aus der

71) Lévinas, »Maurice Blanchot – der Blick des Dichters«

72) So formuliert Lévinas das Anliegen von Blanchot, ebd., S. 28

73) Ebd., S. 29

74) Ebd.

Ferne, besteht die atemberaubende Umkehrung des Schreibens darin, von dem Angeschauten berührt zu werden – aus der Ferne berührt zu werden.«[75] Im Schreiben wendet sich das Sprachvermögen in Unvermögen um, indem es sich auf das »Unsagbare« öffnet oder zum Undenkbaren führt. Lévinas zeigt, dass die Literatur für Blanchot auf jenes zuhält, auf das »kein Zugriff möglich ist«,[76] sie findet an der Grenze zum Unmöglichen statt.[77] Kunst eröffnet nicht eine Wahrheit, sondern leitet gewissermaßen ins Dunkel, ins Dickicht oder Ungefähre. Diese Überschreitung des eigenen Vermögens zugunsten des Unvermögens ist mit dem Begriff der »Inspiration« zu belegen – er bezeichnet den Moment, in dem der Künstler gleichsam mehr ermöglicht, als er kann, und einem »neuen Erkenntnismodus«[78] folgt. Es ist ein Denken, das sich in radikaler Form dem Unbekannten verpflichtet und aus dieser Verpflichtung heraus eine »heteronome Erfahrung«[79] im strengen Sinne der Alteritätserfahrung eröffnet, in der man sich selbst durch das Erfahrene nicht gleich bleibt und nicht unverändert zu dem zurückkehrt, wovon man ausgegangen ist.

Lévinas behauptet in einer weiteren Zuspitzung, dass jene »fremde Einmischung«, die in der künstlerischen Produktion als Inspiration und »Überschreitung des Ich« befürwortet wird, streng genommen »am Grund jeder Tätigkeit« auszumachen sei.[80] Die geläufigen Theorien der Inspiration sind nicht deshalb obsolet, weil man im 20. Jahrhundert einem Geniekult abgeschworen und den Glauben an das Talent als einer Naturgabe aufgegeben hat, sondern weil das Feld ihrer Anwendung und Geltung auszudehnen ist. Denn

75) Ebd., S. 31

76) Ebd., S. 37

77) Aus diesem Grund ist das Motiv des Todes zentral. Der Tod und das Schreiben sind im Exponiertsein an das Unmögliche und Nichtgreifbare miteinander verwandt.

78) Ebd., S. 33

79) Lévinas, »Die Spur des Anderen«, S. 214

80) Lévinas, »Die Dienerin und ihr Herr«, S. 42

Lévinas gibt zu bedenken, dass am Ursprung jeglicher Handlung fremde Eingebungen wirksam sind. Das Konzept der Inspiration ist nicht zu verabschieden, sondern zu entgrenzen und dies keineswegs zugunsten einer Mystifizierung, im Gegenteil: Es muss als entmystifizierend gelten, den Anteil des Unwillkürlichen und Unbeherrschbaren am Handeln und Hervorbringen – anders gesagt: das Unvermögen im Vermögen – freizulegen.

Wie aber ist es gemeint, dass Passivität nicht die Kehrseite der Aktivität, sondern sowohl die Bedingung als auch die Textur jeglicher Handlung ist? Zum Ersten findet hier das, was zum Tun motiviert, handlungstheoretisch Berücksichtigung. Jede Aktion ist Reaktion, nicht im mechanistischen, vielmehr in einem responsiven Sinne. Handelnd antwortet man auf Anliegen und Widerfahrnisse, auf Anlässe oder Widrigkeiten. In jedem Fall beginnt das Tun, so die zugrunde liegende These, nicht bei sich selbst,[81] sondern ist bereits ein Antworten. Als ein solches Antworten oder Entsprechen ist es bereits bestimmt durch etwas anderes als es selbst. Auch in einer zweiten Hinsicht ist das Tun nicht nur und rein aktiv. Jedes Handeln wird getragen von Eigendynamiken, Habitualisierungen und Dispositionen. In das Tun mischt sich ein Geschehenlassen, und im Handeln ist ein Nicht-Handeln oder Entgleiten am Werk.[82] Blanchot und Lévinas machen dies insbesondere für die Sprache geltend, weil das Sprechen, so sehr es eine Aktivität ist, doch von Passivität getragen wird, insofern das Sprechen einerseits von der Sprache bestimmt ist, andererseits sich an jemand Anderen adressiert und sich gleichsam von diesem Anderen, der nie umfänglich bekannt ist, herschreibt. Schließlich lässt sich auch auf der Ebene der vollzogenen Taten in Rechnung stellen, dass sie über sich hinausgehen und sich in ihrer Wirksamkeit selbst partiell entgehen. Zum Handeln gehört, die Folgen nicht umfassend absehen zu können. Zwar wird

81) Vgl. Waldenfels, »Zwischen Pathos und Response«

82) Siehe hierzu Martin Seel, »Kleine Phänomenologie des Lassens« und »Sich bestimmen lassen«

diese Unabsehbarkeit gemeinhin eingedämmt und möglichst minimiert, ein theoretisches Recht ist ihr aber deshalb keineswegs abzusprechen.

Um diese die Handlungen und das Tun inspirierende Passivität besser zu verstehen und ihre Bedeutung wirklich zu ermessen, muss man vordringen zu einer »Passivität, die passiver ist als die Passivität der Materie«,[83] wie Lévinas formuliert. Sie ist dem Gegensatz Aktivität/Passivität vorgelagert, eben weil sie die Aktivität bedingt. Wenn diese »Passivität oder reine Empfänglichkeit … so passiv ist, daß sie Inspiration wird«,[84] dann weil sie nicht zur Untätigkeit verdammt, sondern als Passion, Einhauchung oder Eingebung sowohl alle Tätigkeit beseelt, als auch Ausdruck einer radikalen Sensibilität, einer fast wunden Empfindlichkeit ist, die es für das Subjekt unmöglich macht, nicht berührbar zu sein. Inspiration meint, dass etwas Fremdes ins Eigene eingeht: »Anderheit-im-Selben«.[85] Weil es sich dabei um eine irreduzible Andersheit handelt, eine fremd bleibende Andersheit, hat man sie in Begriffen der Besessenheit, also einer nicht gewählten Obsession zu denken.

Lévinas beschreibt Fremderfahrung in einer hyperbolischen Weise als Traumatisierung des Subjekts durch den Anderen, der eine Überempfindlichkeit korrespondiert, die deshalb eine äußerste Passivität ist, weil man sie nicht gewählt hat, sondern erleidet. Alteritätserfahrung wird nicht willentlich gemacht, sie ereilt den, der ihr erliegt. Fremdheit ist, wie Lévinas nicht müde wird zu betonen, nur dann gegeben und macht sich allein dann bemerkbar, wenn sie nicht angeeignet werden kann. Sie zieht das Moment der Enteignung nach sich und entreißt das Subjekt sich selbst. Es wird im »Innersten seiner Identität sich fremd«.[86] Diese Erfahrung des Anderen liegt also diesseits des Willens, Vermögens und des Verstehens und verweist auf die erwähnte vor-

83) Lévinas, *Jenseits des Seins,* S. 385

84) Ebd., S. 154

85) Ebd.

86) Ebd., S. 310

gängige Passivität – im Unterschied zu einer der Aktivität oder Spontaneität korrelativen Passivität, wie sie in der Philosophie immer gedacht wurde: »Unsere abendländische Passivität ist eine Rezeptivität, der eine Übernahme folgt. Die Empfindungen werden in mir hervorgebracht, aber ich bin es, der sich diese Empfindungen zu eigen macht und sie wahrnimmt.«[87] Die von Lévinas gemeinte Passivität, die sich in der Fremderfahrung zeigt, überschreitet eine Empfänglichkeit, deren Gehalte vom Empfindenden assimiliert werden könnten. Man muss sie sich als eine Affizierung vorstellen, die das Subjekt ent-setzt – das Empfangene bleibt gewissermaßen als ein Fremdkörper dem Inneren äußerlich. Weil diese Berührbarkeit und Heimsuchung durch das Fremde nicht verwunden werden kann, weil sie nicht in einer Selbsterfahrung verinnerlicht wird, schlägt sie in Ausdruck um. Die Passivität ist als Ausgesetztheit gegenüber Alterität nicht mit Verinnerlichung zu bändigen, sondern führt zur Entäußerung: »Unter der meine Möglichkeiten übersteigenden Last bricht die Passivität, die passiver ist als alle zu Akten korrelative Passivität, bricht *meine* Passivität in Sagen aus.«[88] Das Sagen ist gleichsam Folge einer unwillkürlichen Exposition, ein unintendiertes Sich-Darbieten. Diese am Grunde der Ausdruckshandlung anzusiedelnde Passivität wird in der künstlerischen Artikulation explizit. An anderer Stelle heißt es, die Inspiration würde sogar »die Gabe schöner Worte und Gesänge« noch hinter sich lassen und dazu verpflichten, sich selbst rückhaltlos zu geben: »Zwang zum *Geben* … und folglich zur Leiblichkeit«.[89] Entscheidend ist, dass das in radikaler Passivität Begegnende, weil es nicht übernommen werden kann, zum Gegenteil:

87) Lévinas, *Wenn Gott ins Denken einfällt,* S. 113. Die Unterscheidung zwischen einer bloß relativen, also auf die Aktivität bezogenen Passivität und einer radikalen Passivität findet sich bereits in der christlichen Passionslehre, siehe hierzu ausführlich Stoellger, *Passivität aus Passion*

88) Lévinas, *Jenseits des Seins,* S. 322

89) Ebd., S. 311

zum Antworten, Geben und Verausgaben nötigt. Das Subjekt bringt sich als exponiertes zum Ausdruck. Vielleicht besser: Als ausgesetztes ist es zugleich sich ausdrückend, oder weil es dem anderen ausgesetzt ist, zeigt es sich ihm unverstellt – Lévinas spricht auch von Nacktheit und »Entblößung«.[90]

Desweiteren sind Inspiration und Passivität, die Lévinas am Ursprung jeder Tätigkeit meint ausmachen zu können, auf das Engste mit einem gewandelten Subjektverständnis verbunden. Bevor man seiner selbst innewird, ist man dem Anderen übereignet. Diese Erfahrung einer Heimsuchung ist notwendigerweise passivisch. »Das Subjekt ist also nicht von der Intentionalität der vorstellenden Aktivität, der Objektivierung, der Freiheit und des Wollens her zu beschreiben.«[91] Es konstituiert sich zuallererst ausgehend von der vorsubjektiven Affizierung durch den Anderen, und daher bildet nicht Spontaneität, sondern Passivität seinen Ursprung. Diese affizierende Berührung wird von Lévinas mit dem Begriff der Traumatisierung belegt, um zum Ausdruck zu bringen, dass das Subjekt »affiziert« ist, »ohne daß die Quelle der Affektion«[92] zum Gegenstand des Bewusstseins werden könnte. Das Ich, das solcherart vom Anderen heimgesucht wird, ist nicht in der Lage, »das zu denken, wovon es berührt wird«.[93] Ihm geht eine Affizierung voraus, die aus dem Grunde nicht bewusst werden kann, weil sie die Bewusstwerdung bedingt. Der Subjektivität liegt eine absolut passive, an-archische Sensibilität zugrunde. Diese Empfindlichkeit bedingt einerseits die Ausgesetztheit des Subjekts gegenüber dem Anderen, sie ist andererseits Anstoß für das Subjekt überhaupt, auf sich selbst zurückzukommen und eine Identität auszubilden. Lévinas schreibt: »Wir fragen uns, ob diese Rückwendung der Selbstheit auf sich, die nicht einmal für sich verbuchen kann, der Akt der

90) Ebd., S. 303

91) Ebd., S. 128

92) Lévinas, »Die Substitution«, S. 298

93) Ebd., S. 299

Rückwendung zu sein, sondern dank derer der Akt des zu sich zurückkehrenden Bewußtseins möglich wird – wir fragen also, ob die passive Rückwendung nicht mit der anarchischen Passivität der Besessenheit zusammenfällt?«[94] Die »Passivität, die diesseits der Alternative Passivität-Aktivität und passiver als alle Trägheit ist«,[95] setzt das Subjekt, bevor es seiner selbst innewird, mit dem Außen, dem Anderen in Beziehung – dies ist der Sinn des Begriffs der Besessenheit: »Erst in der Passivität der Besessenheit – oder als inkarnierte – individualisiert sich eine Identität zur Einzigkeit.«[96] Allererst die passive Ausgesetztheit gegenüber dem Anderen legt das Subjekt frei, erweckt es zur Bewusstheit und zur Verantwortlichkeit.[97] Lévinas' Denken einer ungewählten Passivität formuliert sich deshalb als eine Ethik vor aller Ontologie – denn das Subjekt konstituiert sich durch die Appelle und Ansprüche des Fremden. Folgt man Lévinas in seiner Rekonstruktion einer das Subjekt als solches begründenden Passivität, dann leuchtet es ein, dass auch Wille und Verantwortung ihre Bedingung diesseits der Freiheit haben.

Die sprachlichen Bilder, die Lévinas entwirft, um seine Überlegung einer anfänglichen affizierten Subjektivität zu veranschaulichen, reichen von Verwundung und Besessenheit bis hin zur Atmung: Inspiration und Exspiration. Das Subjekt ist in seinem Innersten dem Außen ausgesetzt – es ist wesentlich Lunge: Einstülpung der aufnehmenden sensiblen Oberfläche ins Innere des Körpers, der mithin nicht abgeschlossen ist und dessen Geöffnetheit gegenüber dem Außen weit in ihn hineinreicht: »Empfindlichkeit, die unter die Haut, die an die Nerven geht, Überempfindlichkeit.«[98] Das Subjekt ist sich selbst entrissen oder aus sich selbst verstoßen: »Exil in sich selbst«.[99] Die Beziehung zum Außen

94) Ebd., S. 312
95) Ebd., S. 323
96) Lévinas, *Jenseits des Seins,* S. 247
97) Vgl. ebd., S. 304
98) Ebd., S. 51
99) Ebd., S. 385

und Umgebenden, die das Selbst aus seiner abgeschlossenen Innerlichkeit bereits herausgetrieben hat, ist nicht Gegenstand einer Erfahrung, sondern – und genauso muss man die Passivität denken – ihr Milieu. Die pathische Sensibilität ist das Element jeglicher Erfahrung. Das Dasein ist nicht in der Welt, sondern offen und exponiert ihr ausgesetzt.

Sensibilität und Passivität gehören daher auf das Engste zusammen – man könnte auch von »Passibilität« sprechen, um die Nähe von Berührung und Erleiden zu unterstreichen. Ein kurzer Blick in die Begriffsgeschichte zeigt, dass die sprachlichen Wurzeln des Wortes »Passivität« eine solche Verwandtschaft nahelegen.

»Allgemein wird mit P. [Passivität] sowohl ein Empfangen und Erleiden eines ›Äußeren‹, ›Fremden‹ als auch ein unwillkürliches Geschehen, das sich ohne aktive Beteiligung einstellt, zum Ausdruck gebracht.«[100] Passivität geht über den lateinischen Begriff *passio* zurück auf das griechische Wort *pathos,* welches ursprünglich all dasjenige bezeichnet, was uns ohne unser Zutun geschieht. Gemeint ist alles, was »passiv aufgenommen, empfangen, erlitten wird: Sinneseindruck und Wahrnehmung, Empfindung und Erfahrung«.[101] *Pathos* verweist auf »jede Form von Erleiden im Gegensatz zum Tun«.[102] Wobei das Erleiden keineswegs ein schmerzhaftes oder widriges sein muss, es kann auch glückhaft erlebt werden. Wie etwa in der Liebe, die nicht nur im Geliebtwerden – also in der passiven Form –, sondern bereits im Lieben ein Widerfahrnis darstellt. Die Leidenschaften sind ein *pathos* in diesem ursprünglichen griechischen Wortsinn, weil sie auch in der aktiven Form nicht in der eigenen Handlungsmacht liegen und nicht gewählt werden. Im *pathos* zeigt sich, wie Hegel formuliert, »was in der menschlichen Individualität zu Entschlüssen und Handlungen treibt«.[103] Mit dem Begriff des *pathos* sind Fragen nach den Kräften berührt, die das »Gemüt in seinem Innersten bewegen«,[104] über die man nicht verfügt, die einen aber bestimmen und affizieren. Es geht dabei um Ereignisse, die dem Subjekt geschehen, mit denen es unwillkürlich in Berührung kommt und denen nicht ausgesetzt zu sein es nicht die Wahl hat. Die Berück-

100) *Historisches Wörterbuch der Philosophie,* Artikel »Passivität«, Bd. 7, Sp. 164

101) Auerbach, »Passio als Leidenschaft«, S. 162 f.

102) *Historisches Wörterbuch der Philosophie,* Artikel »Pathos«, Bd. 7, Sp. 193

103) Hegel, *Vorlesungen über die Ästhetik,* S. 301

104) Ebd.

sichtigung solcher Phänomene untergräbt im Grunde die Vorstellung eines Subjekts, das sich autonom und frei selbst bestimmt.

Bei der Herkunft von Passivität aus dem griechischen *pathos* lohnt es sich ein wenig zu verweilen und zu unterstreichen, dass *pathos* zweierlei Bedeutungen miteinander verbindet, die sich in der Geschichte der Philosophie verzweigt haben, sich aber in der versuchten Neubestimmung der genannten Ur-Passivität erneut überlagern. Etymologisch sind in *pathos* zwei Sinngehalte vereint: einerseits das Leiden, andererseits die Leidenschaft. Bei Aristoteles meint *pathos* das »Befallen- oder Behaftetsein«,[105] mithin das Erleiden, das ohne ethische Wertung der Aktivität gegenübersteht. Erst in der stoischen Philosophie bildet sich die zweite Bedeutung von *pathos* im Sinne von Berührt- und »Umgetriebenwerden« heraus, die – pejorativ gemeint – das »Bewegtwerden« der Seele wider die Vernunft bezeichnet. Aus diesem Verständnis heraus ist das Gegenwort zur *passio* nicht mehr nur die *actio,* sondern auch die *ratio*. Denn die als »Gemüts-« bzw. »Herzneigung« bezeichneten Leidenschaften scheinen die Ruhe der geistigen Vermögen zu stören und ihnen zuwiderzulaufen. Deshalb wird die Bewertung, Beherrschung oder Lenkung der Affekte zum Gegenstand ethischer Erörterung.

105) Auerbach, »Gloria Passionis«, S. 54. Zur Kritik an Auerbach vgl. Lerch, »Passion und Gefühl«. Lerch versucht gegen Auerbach nachzuweisen, dass die Vorstellung aktiver Leidenschaften sich erst Mitte des 18. Jahrhunderts durchgesetzt habe. Auerbach hat auf diese Kritik wiederum reagiert und zum einen sein Argument verstärkt, dass die Vorstellung aktiver Leidenschaften eine Verweltlichung christlicher Auffassung darstellt und bereits in der mittelalterlichen christlichen Passionsmystik und Liebesleidenschaft vorgeprägt ist. Zum anderen hat er unterstrichen, schon bei Aristoteles sei eine »Aktivierung« des *pathos* angelegt: »Das Leidend-Befallene befindet sich nämlich gegenüber dem Aktiv-Wirkenden im Zustand der Potenz, der *dynamis*.« Auerbach, »Passio als Leidenschaft«, S. 163

Im Christentum, zumindest in seiner mystischen Version, findet sich ein anders geartetes Verständnis von *pathos* und *passiones,* in dem Erleiden und Leidenschaften in positiver Wendung übereinkommen. Es ist die Idee der *gloria passionis,* einer »glühenden Gottesliebe«, in der das Leiden und die ekstatische Liebesleidenschaft engstens miteinander verbunden sind. Das pathische Erleiden ist hier beides: »Entzücken und Entrückung«,[106] zugleich »herrliches« wie »schreckliches Geschenk«.[107] Die Leidenschaft der Liebe, das wirkt in der späteren Liebesdichtung nach, führt leidend zu wahrlichen Exzessen des Geistes und ist für das Denken so wenig von Nachteil wie sie ethisch verwerflich wäre. Leiden und Leidenschaft sind nicht nur eins,[108] sie sind dem Tun und Erkennen sogar zuträglich, denn das Erlittene beinhaltet eine Kraft und Potenz. Zwar gilt die Seele sowohl vom Leiden wie von der Leidenschaft befallen, diese Befallenheit ist jedoch gleichsam aktivierend, oder präziser: »dynamisch-potentiell … eher empfangsbereit und sehnsuchtsvoll als eigentlich aktiv«.[109] Entscheidend ist, dass das *pathos* nach christlichem Verständnis vermögend ist. Die Affizierung ermöglicht eine Öffnung und Empfänglichkeit: Sie ist Passibilität. »Das Neue und gewissermaßen Aktive der christlichen Vorstellung«, so erläutert Erich Auerbach, »besteht darin, daß die Spontaneität und schöpferische Liebeskraft durch die passio entzündet wird.«[110] In solcher entzündlichen oder anrührenden Potenz ist das *pathos* befördernd für die Vernunft und die Moral. Obgleich die Liebesleidenschaft »empfangen und erlitten wird«, kann sie höchst positiv bewertet werden: Sie ebnet den »Weg zu aller Tugend und Erkenntnis«.[111] Diese Vorstellung, dass die Leidenschaften, Liebe ebenso wie Hass, den Zugang zur Erkenntnis bahnen,

106) Auerbach, »Gloria Passionis«, S. 63

107) Ebd., S. 61

108) Ebd., S. 62

109) Ebd., S. 61

110) Ebd.

111) Ebd., S. 62

findet man über Augustinus und Pascal bis hin zu Max Scheler und Martin Heidegger. Bei Heidegger wird diese Auffassung von *pathos* schließlich generalisiert und als »die aller Erkenntnis vorausgehende Seinsweise der Öffnung«[112] umschrieben. Mit dieser Ausweitung gelingt es, den Menschen, bevor man seine Vermögen in den Vordergrund rückt, in seiner passivischen Verfasstheit in den Blick zu nehmen.

112) Vgl. Agamben, »Die Passion der Faktizität«, S. 53

Heidegger schreibt im *Brief über den Humanismus,* um das Können und Wollen, vor allem aber um das Denken zu charakterisieren, das Wesen des Vermögens beruhe im Mögen.[113] Denn etwas zu vermögen bedeute, »es in seinem Wesen wahren«, oder besser noch: »das Wesen schenken«.[114] Die sogenannten subjektiven Vermögen werden damit eben in keiner geringeren Leidenschaft als der Liebe begründet, wenn es weiter heißt: »Sich einer ›Sache‹ oder einer ›Person‹ in ihrem Wesen annehmen, das heißt: sie lieben, sie mögen.«[115] Das so vom Lieben her gedachte Vermögen verschreibt sich den jeweiligen Dingen, anstatt über sie zu verfügen. Diese Kennzeichnung des Vermögens ist in Bezug auf Fragen der Passivität deshalb so relevant, weil das Vermögen, wird es vom Mögen her gedacht, nicht als subjektive Fähigkeit erscheint; es wird umgekehrt nahegelegt, dass man sich einer Sache hingeben, sich ihr überlassen oder sogar verpflichten muss, um Wesentliches bewirken zu können. Wobei das Lieben, das hier dezidiert nicht auf den Bereich des Zwischenmenschlichen beschränkt ist, selbst wiederum nicht als ein Vermögen gefasst werden kann, weil es das Element alles Vermögens bildet. Dies schließt das Erkenntnisvermögen mit ein. Das Lieben ermöglicht regelrecht die Erkenntnis, weil, wie es bereits bei Scheler heißt, »im Verlaufe und Prozesse der Liebe erst die Gegenstände auftauchen, die sich den Sinnen darstellen und die die Vernunft hernach beurteilt«.[116] Heidegger folgt also der christlichen

113) Heidegger, »Brief über den Humanismus«, S. 314

114) Ebd.

115) Ebd.

116) So formuliert Max Scheler in »Liebe und Erkenntnis«, S. 5. Scheler zeigt, dass die christliche Vorstellung einer »Fundierung der Erkenntnis der Wahrheit auf vorhergehende Liebe« (S. 20) eine Umkehrung des griechischen Verständnisses darstellt, in dem

Tradition, in der die Liebe dem Denken nicht abträglich ist, sondern sein eigentliches Milieu ausmacht. Die Dinge erschließen sich in dem Maße, wie sie mit Liebe bedacht werden. Allen intellektuellen Akten gehen Akte des Aufmerkens und Interessenehmens voraus, und »jede Steigerung der Anschauungs- und Bedeutungsfülle« ist »eine abhängige Folge des sich steigernden Interesses an ihm, und letztlich der Liebe zu ihm«.[117] Streng genommen sind Aufmerksamkeit und Interesse als Weisen des Liebens jedoch keine Akte,[118] sie sind weniger intentionale Vollzüge als vielmehr Formen passiver Empfänglichkeit. Oder anders gesagt: Das Lieben bezeichnet gerade jenes besondere Verhältnis, bei dem man »sich auf etwas öffne[t], ohne es in einen Gegenstand zu verwandeln«.[119] Das Erscheinen von Bedeutung in der Wahrnehmung und im Denken beruht gerade auf der Offenheit für das »Sichgeben« der Dinge.[120] Geht man von einer solchen passivischen Öffnung oder Empfindsamkeit aus, dann ist das *pathos* fundierend für alle weiteren Akte. Die Liebe ist nichts, was man ausübt oder tut; sie bezeichnet eher die Tatsache der Erschlossenheit und Bezogenheit. Sie ist ein *pathos* in der erwähnten ursprünglichen, griechischen Bedeutung, weil sie die Berührbarkeit durch das Umgebende meint. Indem Heidegger die subjektiven Vermögen auf das Mögen zurückführt, begründet er die Möglichkeiten des Wollens und Vorstellens, entgegen

die Erkenntnis eines Gegenstandes notwendigerweise der Liebe zu ihm vorausgeht. Der Mensch ist nach christlicher Vorstellung zur Erkenntnis qua Liebe allerdings nur deshalb fähig, weil er seinerseits bereits von göttlicher Gnade und Liebe ergriffen ist. Auch hier kommen beide Bedeutungen von *pathos* – Liebesleidenschaft und Passivität – überein.

117) Ebd., S. 26

118) Heidegger kommentiert: »Freilich bleiben hier noch die existenzial-ontologischen Fundamente des Aktphänomens überhaupt im Dunkel.« Heidegger, *Sein und Zeit*, S. 139

119) Agamben, »Die Passion der Faktizität«, S. 53

120) Vgl. Scheler, »Liebe und Erkenntnis«, S. 27

der philosophischen Tradition, im *pathos* als demjenigen, was einen angeht und wovon man affiziert oder ergriffen ist. Zur Erläuterung des Begriffs *pathos* schreibt Heidegger: »Wir übersetzen *pathos* gewöhnlich durch Passion, Leidenschaft, Gefühlswallung. Aber *pathos* hängt zusammen mit *paschein,* leiden, erdulden, ertragen, austragen, sich tragen lassen von, sich bestimmen lassen durch.«[121] Deshalb schlägt Heidegger als Übersetzung von *pathos* den Begriff der Stimmung vor, den er bereits in *Sein und Zeit* eingeführt hat, in seinen späteren Texten der Doppelbedeutung von *pathos* im Sinne von Gefühl und Passivität entsprechend als »Ge-stimmtheit und Be-stimmtheit«[122] präzisiert. Sich gefühlsmäßig in einer Stimmung zu befinden, meint zugleich passiv bestimmt worden zu sein. Denn eine Stimmung wird nicht gemacht, im Gegenteil: Sie »überfällt«.[123] Und aus dieser Gestimmtheit heraus, wie sich anhand der Liebe zeigt, ist überhaupt das, was einen umgibt, erschlossen. Stimmung benennt die Disposition, in der sowohl das Wahrnehmen als auch das Denken stehen, insofern selbst die Vernunft gestimmt ist.[124] Damit wird nicht nur der philosophiegeschichtlich verankerte Vorrang der Vernunft vor der Sinnlichkeit zurückgenommen, es wird überhaupt der Gegensatz von Ratio und Affekt fragwürdig[125] und damit die Aufspannung des Menschen zwischen Vernunft und Sinnlichkeit oder Körper und Geist.[126] Wie aber lässt sich die Stimmung bei Heidegger genauer fassen und in welcher Beziehung steht sie zur Passivität?

121) Heidegger, *Was ist das – die Philosophie?,* S. 26

122) Ebd.

123) Heidegger, *Sein und Zeit,* S. 136

124) Vgl. Heidegger, *Was ist das – die Philosophie?,* S. 28. Dass sich die Erkenntnis im Element der Stimmung entfaltet, belegt Heidegger anhand von Staunen und Zweifel, die er als die beiden ausgezeichneten Gestimmtheiten der antiken und neuzeitlichen Philosophie interpretiert.

125) Vgl. Pocai, *Heideggers Theorie der Befindlichkeit,* S. 20

126) Das damit einhergehende Umdenken des Leibes findet sich in Ansätzen in den *Zollikoner Seminaren* skizziert, vgl. Nielsen, »Pathos und Leiblichkeit«

In *Sein und Zeit* spricht Heidegger von der Stimmung als Befindlichkeit, sie bezeichnet zunächst schlichtweg den Zustand, in dem man sich befindet. Befindlichkeit ist neben dem Verstehen eine der beiden Seinsweisen des menschlichen Daseins, durch welche die Welt zugänglich wird. Im Gefühl ist ebenso und in gleichem Maße wie im Verstehen das In-der-Welt-Sein gegeben. Die Stimmung ist nicht nur die Weise, in der man sich selbst befindet und in der die Dinge begegnen, sie ist außerdem ganz unvermeidbar. Man kommt nicht umhin zu empfinden oder sich in einer jeweiligen Stimmung zu befinden. Niemals ist man stimmungsfrei und eben deshalb ist die Stimmung fundierend für alle praktischen und theoretischen Vollzüge. Insofern sich in der Stimmung zeigt, wie man sich befindet, ist zugleich eine grundlegende Passivität erschlossen, die Heidegger unter dem Begriff der Geworfenheit denkt.[127] Der Mensch ist in eine jeweilige geschichtliche, kulturelle und soziale Welt mit ihren jeweiligen Bedingt- und Begrenztheiten gleichsam hineingeworfen. Er befindet sich in einer nicht eigens gewählten Welt. Diese Geworfenheit ist zunächst als Befindlichkeit qua Stimmung gegenwärtig, bevor sie zum Gegenstand der Erkenntnis werden kann. Stimmungshaft begegnet einem also dasjenige, dem man ohne sein Zutun ausgesetzt ist, das man nicht gemacht hat und das man daher gewissermaßen erleidet. In der Stimmung wird man seiner Existenz als gegebener und nicht als gewählter, oder besser: als nicht-gewählter, inne. Die Stimmung bringt das menschliche Dasein also vor seine eigene unausweichliche und auch undurchdringliche Faktizität, wie Heidegger es nennt. Kraft der Stimmung wird »die unerbittliche Rätselhaftigkeit«[128] der Geworfenheit des Daseins offenbar; sein »›daß es ist‹ zeigt sich, das Woher und Wohin bleiben im Dunkel«.[129] Es geht Heidegger mit der Stimmung also weniger um jeweili-

127) »Die Befindlichkeit erschließt das Dasein in seiner Geworfenheit.« Heidegger, *Sein und Zeit,* S. 136

128) Ebd., S. 135

129) Ebd., S. 134

ge Seelenzustände als vielmehr um die unabweisbare Tatsache, sich selbst und seinem Dasein überantwortet zu sein, ohne sich dafür eigens entschieden zu haben. Sie erschließt eine fundamentale Passivität, die darin besteht, die eigene Existenz auf sich nehmen zu müssen, ohne deren Ursprung zu sein. Niemand hat über die eigene Geburt entschieden, und bereits das bedeutet eine unhintergehbare Passivität, insofern man sich seinen eigenen Grund nicht geschaffen hat. Das heißt, die Geworfenheit ist ursprünglicher als die Subjektivität und zieht sich als Mitgegebenes durch die Existenz, denn auch die Freiheit, sich zu entwerfen, »steht nicht in der Macht dieser Freiheit«.[130] Selbst die Möglichkeiten, auf die hin man sich entwerfen kann, sind gewissermaßen vorgezeichnet, sie sind begrenzt. Daher wird die Erfahrung des Sein-Könnens notwendigerweise von einer Erfahrung der Ohnmacht flankiert.[131] »Aller Entwurf – und demzufolge auch alles ›schöpferische‹ Handeln des Menschen – ist geworfener, d.h. durch die ihrer selbst nicht mächtige Angewiesenheit des Daseins auf das schon Seiende im Ganzen bestimmt.«[132] Das menschliche Vermögen ist immer auf dieses vorgängige oder mitgegebene Unvermögen bezogen.

Der Begriff der Stimmung bezeichnet also ein für die menschliche Existenz grundlegendes Be-stimmtsein, das man sich zugleich als gefühlsmäßiges Ge-stimmtsein vorzustellen hat. Es ist außerdem entscheidend, dass Heidegger mit dem Gestimmtsein keinen seelischen oder innerlichen Zustand oder eine vom Umgebenden abgesonderte Gefühlswelt bezeichnet, denn Gefühle haben erschließenden Charakter. Durch die Stimmung sind neben der eigenen Existenz auch Welt, Dinge und die Anderen erschlossen.[133] Stimmung bedeutet daher die Weise, in der man »außer sich ist«, nämlich als ein ekstatisches, offenes und berührbares

130) Vgl. Heidegger, »Vom Wesen des Grundes«, S. 172

131) Vgl. Agamben, »Die Passion der Faktizität«, S. 76

132) Heidegger, *Kant und das Problem der Metaphysik,* S. 235

133) Vgl. Heidegger, *Sein und Zeit,* S. 137

Wesen.[134] Es wäre falsch, die jeweilige Befindlichkeit mit Innerlichkeit gleichzusetzen, weil dank der Befindlichkeit das Äußere gerade begegnet und, wenn man so will, sich in das Innerste hinein fortsetzt. Aber im Grunde ist die Unterscheidung von Innen und Außen ebenso fehlgeleitet wie die zwischen Gefühl und Vernunft. Es geht um eine Berührbarkeit oder Sensibilität, die sich in der Unmöglichkeit zeigt, sich nicht in einer jeweiligen Stimmung zu befinden und aus dieser Stimmung heraus in der Welt zu sein. Heidegger schreibt: »Die Gestimmtheit der Befindlichkeit konstituiert existenzial die Weltoffenheit des Daseins«,[135] also: das stimmungsmäßige Draußensein in einer erschlossenen Welt. Denn »das Gefühl ist jene Grundart unseres Daseins, kraft deren und gemäß der wir immer schon über uns weggehoben sind in das so und so uns angehende und nicht angehende Seiende im Ganzen. Stimmung ist nie ein bloßes Gestimmtsein in einem Innern für sich, sondern ist zuerst ein so und so sich Be-stimmen- und Stimmenlassen in der Stimmung. Die Stimmung ist gerade die Grundart, wie wir außerhalb unserer selbst sind. So aber sind wir wesenhaft und stets.«[136]

Für Theorien der Passivität ist dieser Aspekt ekstatischer Berührbarkeit besonders wichtig. Die Stimmung zeugt vom Angegangenwerden. »Diese Angänglichkeit gründet in der Befindlichkeit.«[137] Gemeint ist das Exponiertsein des Menschen, sodass ihn das Umgebende überhaupt affizieren und betreffen kann. Die Stimmung bindet in dieser Hinsicht an das Gegebene, für das sie öffnet. Erfahrungen wie etwa die Widerständigkeit der Dinge ebenso wie das Berührtwerden

134) So hat Jacob Bernays in seiner Interpretation der Aristotelischen Katharsislehre den Begriff *pathos* erläutert: »Denn alle Formen von Pathos sind wesentlich ekstatisch; durch sie alle wird der Mensch *ausser sich* gesetzt.« Bernays, *Grundzüge der verlorenen Abhandlung des Aristoteles über Wirkung der Tragödie,* S. 176

135) Heidegger, *Sein und Zeit,* S. 137

136) Heidegger, *Nietzsche,* Bd. 1, S. 100

137) Heidegger, *Sein und Zeit,* S. 137

durch Begegnendes gehören zu den Erfahrungen, die Realität verbürgen. »Der Mensch hält sich bei dem auf, was ihn angeht.«[138] Die Stimmung grundiert die Erschlossenheit des menschlichen Daseins, seine Offenheit für das, was ist und deren Angänglichkeit. Damit ist gesagt, dass jegliche Zugänglichkeit zum Seienden nicht neutral, sondern affektiv gestimmt ist: »Gestimmtheit und Bezogensein sind in sich eines.«[139] Was dabei aber auch zutage tritt ist die »Angewiesenheit auf Welt«.[140]

Entscheidend ist, dass sich in dem in *Sein und Zeit* eingeführten Begriff der Stimmung wie im griechischen *pathos* Passivität und Affektivität überlagern. Heidegger wählt mit dem Wort »Stimmung« einen Begriff, der zugleich das passivische Moment des Bestimmtsein und das affektive des Gestimmtseins umfasst. Im Milieu einer jeweiligen Stimmung stehen sowohl das Tun wie das Erleiden, das Erkennen, Wollen und Empfinden, und aus diesem Grunde ist Heideggers Begriff der Stimmung eben jener Einsatzpunkt, um ein gewandeltes Verständnis der Passivität aus der Grundbedeutung von *pathos* zu befördern.

Der Begriff der Stimmung ist nicht der einzige Anhaltspunkt, um im Werk von Heidegger ein Denken der Passivität herauszupräparieren. Man findet bei ihm durchgängig – von seinen Aristoteles-Interpretationen aus den 1930er Jahren über *Sein und Zeit* bis hin zur Kehre und dem späten Ereignisdenken – den Versuch eines Umdenkens, das einer Aufwertung der Passivität gleichkommt. Die Infragestellung neuzeitlicher Subjektivität, die seine Schriften durchzieht, korrespondiert dem Gedanken eines alles Tun grundierenden *pathos,* das Spuren der verschlungenen Doppelbedeutung von *pathos* im Sinne des Erleidens und der Leidenschaft trägt. Für *Sein und Zeit* sind noch zwei weitere Indizien zu erwähnen, die der gewandelten Einschätzung des Passiven Gewicht verleihen: erstens Heideggers Bestimmung des

138) Heidegger, *Zollikoner Seminare,* S. 273

139) Ebd., S. 251

140) Heidegger, *Sein und Zeit,* S. 137

Todes als Daseinsunmöglichkeit, die den Spielraum eigentlicher Möglichkeiten der Existenz eröffnet. Auch hier ist es ein Unvermögen, oder besser das Innnewerden der radikalsten Form des Nicht-mehr-Könnens, das für das Ausschöpfen des eigenen Könnens sensibilisiert. Und zweitens ist die zentrale Rolle zu nennen, die dem *pathos* der Angst zukommt. Sie ist als Grundbefindlichkeit eine ausgezeichnete Weise der Erschlossenheit des Daseins, die ihm sein eigentliches Seinkönnen vor Augen führt. In beiden Fällen sind es pathische Konditionen, in denen die Vermögen des Menschen begründet werden. Insgesamt erweist sich Heidegger als einer der ergiebigsten Stichwortgeber für die verschiedenen Argumente, wie man sie für die Begründung einer Archi-Passivität findet.

Was bei Heidegger allerdings fehlt und was vor allem Lévinas und Derrida für eine grundlegende Neubewertung der Passivität geltend gemacht haben, ist die Berücksichtigung von Fremdheit, die – wie bereits erwähnt – mit dem Denken der Passivität innigst verbunden ist. Die vielleicht prominenteste Figur einer zur Schau gestellten Passivität, die sich keinem Sinnhorizont mehr einfügen lässt und die Insistenz von Fremdheit schlechthin verkörpert, ist *Bartleby* von Herman Melville – die literarische Figur, die in keinem Diskurs über Formen der Passivität fehlen darf. Anhand der verschiedenen Interpretationen dieser Erzählung lassen sich besonders gut die theoretischen Einsätze abschätzen, die mit einem gewandelten Verständnis von Passivität auf dem Spiel stehen.

IX. BARTLEBY, DER SCHREIBGEHILFE, EIN HELD DER PASSIVITÄT

Die Erzählung *Bartleby, der Schreibgehilfe* mit dem Untertitel »Eine Geschichte aus der Wall Street« von 1856 wird von Melville aus der Perspektive eines Anwalts entrollt, der Bartleby als Aktenkopisten anstellen wird und der sich zunächst selbst nicht gerade als einen Mann von übermäßigem Ehrgeiz oder Tatendrang beschreibt, obgleich er als Jurist einem Berufsstand angehöre, der durch eine – wie es heißt – »bis zur Unrast gesteigerte[n] Unermüdlichkeit«[141] ausgezeichnet sei. Anders als seine Kollegen, die sich etwa vor Gericht exponieren und den Beifall der Öffentlichkeit erheischen wollen, habe der Erzähler es seinerseits vorgezogen, »in aller Behaglichkeit die Papiere und Pfandbriefe und Besitzurkunden reicher Leute [zu] verwalten«,[142] also ein Kapital, das sich, ohne Zutun, gewissermaßen selbst vermehrt. Auch die Art und Weise, wie er seine Kanzleiräume beschreibt, ist bemerkenswert. Die Räume in der New Yorker Wall Street sind zwar nicht fensterlos, aber so umstellt von anderen Gebäuden, dass der Blick nicht schweifen kann und der Aussicht das fehle, »was die Landschaftsmaler ›Leben‹ nennen«.[143] Die Fenster gehen lediglich auf Lichtschächte hinaus, man sieht die Wände der angrenzenden Häuser, geschwärzte Brandmauern, die wie Brunnenschächte wirken, aber doch Flecken und Schatten aufweisen, in denen man »heimliche Schönheiten«[144] ausmachen könne.

In jedem Fall hat der Anwalt reichlich Arbeit und er will einen weiteren Schreiber einstellen. Auf seine Anzeige steht eines Tages »ein junger Mensch unbeweglich auf der Schwelle zu meiner Kanzlei … farblos, sauber, mitleiderregend anständig, rettungslos vereinsamt! Es war Bartleby.«[145]

141) Melville, *Bartleby, der Schreibgehilfe,* S. 7

142) Ebd.

143) Ebd., S. 9

144) Ebd.

145) Ebd., S. 22

Bartleby erweist sich zunächst als äußerst fleißig, arbeitet Tag und Nacht, und erst ab dem Moment, da der Anwalt von ihm anderes erwartet als das endlose, mechanisch betriebene Kopieren, verweigert er sich zunehmend, indem er auf alles, was ihm angetragen wird, antwortet: »Ich möchte lieber nicht«,[146] »I would prefer not to«. Bartlebys Fleiß lässt in dem Maße nach, wie er aufgefordert wird, andere Dinge zu erledigen als zu schreiben. Mit besagter Formel lehnt er nicht nur das Aufgetragene ab, sondern das »Lieber-nicht-tun-Wollen« unterminiert im weiteren Verlauf der Erzählung auch sein bisheriges Tun, alles Handeln scheint verunmöglicht oder aufgesaugt.[147] Immer öfter versinkt er am Fenster stehend in Mauer-Träumereien – bis er schließlich das Schreiben ganz aufgibt und noch seine Entlassung aus der Kanzlei mit den »leichenhaft gelassene[n]«[148] Worten quittiert, er wolle lieber nicht gehen. Bartleby bleibt in der Kanzlei, ohne jedoch irgendeiner Tätigkeit nachzugehen, und der Anwalt scheitert mit allen weiteren Bemühungen, ihn zu Handlungen zu bewegen. Um sich von diesem rätselhaften Schreibgehilfen zu befreien, der die Aufforderung, die Kanzlei zu verlassen, eben auch nur damit beantwortet, dass er sich lieber nicht verändern würde – um sich also von dieser, wie es heißt, »gespenstische[n] Erscheinung«[149] zu befreien, sieht sich der Anwalt schließlich genötigt, selbst auszuziehen: »Welch seltsame Flucht.«[150] Er verlässt mit seiner Kanzlei die Räume in der Wall Street, und Bartleby bleibt dort allein zurück. Ein neuer Mieter zieht ein, der ihn schließlich von der Polizei entfernen lässt. Bartleby verendet im Gefängnis von New York.

Dieser Mensch, der es dem Tätigsein vorzieht, lieber nicht zu handeln, der dem Aktivitätszwang Widerstand entgegensetzt, präferiert in letzter Konsequenz, lieber nicht zu

146) Ebd., S. 26

147) Vgl. Deleuze, *Bartleby oder die Formel,* S. 13

148) Melville, *Bartleby, der Schreibgehilfe,* S. 53

149) Ebd., S. 73

150) Deleuze, *Bartleby oder die Formel,* S. 25

sein. Er löscht jede Spur des Willens aus, richtet sich noch zu Lebzeiten in einer »Zone der Unbestimmtheit« zwischen Leben und Tod ein und wird zum Gespenst, das alles Gewohnte fragwürdig erscheinen lässt. Als Kopist ist er der Inbegriff des Doppelgängers oder Wiedergängers, eine Figur des Unheimlichen, lebendig begraben zwischen den Mauern. Also einmal mehr: »Eine Geschichte aus der Wall Street«. Es geht dabei nicht nur um die jeglichen Ausblick verstellenden Wände, sondern um dieses Verstelltsein im Zentrum der Geschäftigkeit.

Im Gefängnis, in dem er schließlich stirbt, kursiert das Gerücht, Bartleby sei ein Fälscher gewesen. Vom Kopisten zum Falschmünzer – auch dies ist interessant, entzieht der Fälscher doch dem Geld seinen Gehalt und lässt es ohne Wert zirkulieren. Ebenso wie Bartleby von jedem Handeln den Sinn abzieht. Bartleby ist der Inbegriff eines Widerstands gegen die Ökonomie, sei sie eine Geld-, Sinn- oder Heilsökonomie. »Dabei die Frage aufwerfend, wer sich schuldiger macht: jemand, der mit dem Grund allen Übels kollaboriert, indem er alles als gegeben und selbstverständlich annimmt – im Austausch gegen einen Scheck und ein müheloses Leben – oder jemand, der es vorzieht, nichts zu tun, außer sich mit der Sorge aufzuhalten, das, was man tut, könne fehlgeleitet sein und nicht das erreichen, was man intendiert.«[151]

An die Figur des Schreibers Bartleby, an diese Insistenz der Unterlassung, knüpft sich eine Reihe wichtiger theoretischer Ansätze zur Passivität. Der Widerstand gegen das Tun ist, so die Interpretation von Agamben, ein Verharren in der Möglichkeit. Es ruft jenseits der geläufigen Alternative von Wollen und Müssen ein pures Können auf: einen »Zustand des In-der-Schwebe-Seins«,[152] der die Heimat aller zögernden Skeptiker ist. Im »Lichtspalt des Möglichen«[153] wird sichtbar, dass die wirkliche Welt anders sein könnte – aller-

151) Vgl. Pynchon, »Nearer, my Couch, to Thee«

152) Agamben, *Bartleby oder die Kontingenz,* S. 38

153) Ebd., S. 42

dings unter der notwendigen Bedingung, dass man darauf verzichtet, sie bestimmen zu wollen. Bartlebys »I would prefer not to« ist nach Agamben die Wiederherstellung der Möglichkeit als reine Potenzialität, dabei dem Eingedenken dessen verpflichtet, »was hätte anders sein können«.[154] Bartleby käme in diesem Sinne nicht, »um das zu erlösen, was gewesen ist, sondern um das zu retten, was nicht gewesen ist«.[155] Denn das Gewahrwerden des Möglichen berührt weniger die Wiedergewinnung beliebiger Möglichkeiten oder die bloße Vervielfältigung des Potenziellen um ihrer selbst willen. Das Beharren auf der Chance, dass etwas hätte anders sein können, geht dann über die bloße Behauptung von Kontingenz hinaus, wenn man das Unrecht gegenüber demjenigen auszugleichen sucht, was sich nur in verkümmerter, unangemessener Form hat realisieren können.[156] Das Verheißungsvolle des Potenziellen beruht eben darauf, eine Entstellung geradezurücken und dem ungerechtfertigt Ausgebliebenen zur Existenz zu verhelfen. Die Behauptung, alles könnte auch anders sein, berührt nur das Willkürliche im Unterschied zu dem Versprechen, eine Verfehlung abzugelten, die sich vielleicht aufgrund kleinster zufälliger Missstände, die als solche gar nicht gewichtig sind, ergeben hat. Und diese winzigen Abweichungen mit ihren fatalen Folgen gilt es zu korrigieren. Ist es nicht gerade die Aufgabe von Anwälten, gegenüber solchen Ungerechtigkeiten zu schützen und sie gegebenenfalls zu revidieren? Bartleby hat – so heißt es im Epilog – vor seiner Anstellung im Anwaltsbüro im Postamt von Washington in der sogenannten »Abteilung für tote Briefe«[157] gearbeitet, in der alle unzustellbaren Sendungen gesammelt werden. Schriftstü-

154) Ebd., S. 65

155) Ebd., S. 71

156) In diesem Sinne hätte die Passivität Bartlebys eher eine ethische als eine poltische Bedeutung. Zur Rolle Bartlebys als Vorbild passiven Widerstandes in heutigen sozialen Bewegungen und ihrer Kritik vgl. Marchart, »Melville – Thoreau – Gramsci«.

157) Melville, *Bartleby, der Schreibgehilfe,* S. 93

cke, die ihren Bestimmungsort nicht erreicht haben, tote Buchstaben, Lettern, die niemand mehr belebt und die ihre beabsichtigte Wirkung nicht erreicht haben.

Bartleby, der Schreibgehilfe ist auch eine Meditation über den Schriftsteller und die Sprache, mithin über die Frage nach der Kraft der Worte und danach, ob und wie sie ihren Adressaten erreichen. Die Erzählung von Melville ist immer wieder als Reflexion auf jenen Zustand gelesen worden, in dem sich das Vermögen zu schreiben erschöpft hat. Dennoch führt das Unvermögen hier nicht zum Verstummen, es scheint vielmehr die passiven Bedingungen künstlerischer Produktion zu reflektieren. Es betrifft dies die Erfahrung der Unbeherrschbarkeit der Wirkung des Werkes, die grundsätzliche Möglichkeit, dass das, was man schreibt, anders gelesen wird, und das, was man gibt – wie die sogenannten »toten Briefe« – keinen Empfänger findet, sodass das Geschriebene fehlgeht und sich verliert. Derrida hat dies einmal treffend die »Schickungsirre« genannt. Es gehört zum Geschriebenen und überhaupt zur Sprache unabweisbar hinzu, dass die Worte von Anbeginn an der Gefahr des Fehlgehens und Abdriftens ausgesetzt sind und der Schreibende trotz aller Präzision und Adressierung missverstanden werden kann – eine Ohnmacht, der sich jeder mit Sprache Begabte überlassen muss.

»Ich möchte lieber nicht«, diese »Ruhmesformel« von Bartleby, die »jeder verliebte Leser wiederholt« – wie Deleuze kommentiert,[158] sie ist aber auch verheerend für die Sprache der anderen, die sie in ihrer Wirkung suspendiert oder zum Schweigen bringt. Wie etwa die Sprache des Anwalts, die aus Arbeitsanweisungen, Aufforderungen, Befehlen, schließlich inständigem Bitten besteht. Es sind die Performativa, die Bartleby mit seiner Formel außer Kraft setzt, also jene Sprechakte, die sich im Unterschied zu konstativen dadurch auszeichnen, das zu bewirken, was sie beschreiben. Zum Beispiel: »Ich entlasse Sie« ist ein performativer Sprechakt, weil normalerweise die Entlassung des

158) Deleuze, *Bartleby oder die Formel,* S. 7

Angestellten mit dem geäußerten Satz vollzogen ist. Anders bei Bartleby, der die Vollzugsdimension der Sprache mit seiner magischen Gegenformel pariert. Bartleby widersteht der performativen Kraft der Sprache und versetzt das Gesagte und Angeordnete in die Schwebe eines »lieber etwas anderes«, das nicht dem Bewirkbaren oder Machbaren angehört.

Interessant ist dieser Einspruch gegen die Performativa vor allem, wenn man bedenkt, wie einhellig die performative Dimension nicht nur der Sprache, sondern aller Darstellungen betont worden ist und wie stark Theorien der Performativität den kulturwissenschaftlichen Diskurs bestimmen. Gegenüber einer ungebrochenen Hochschätzung der realitätsstiftenden Potenz der Sprache hat allerdings bereits Derrida zu bedenken gegeben, dass neben der generativen Kraft der Sprache auch die Grenzen der Machbarkeit zu bedenken seien.[159] Denn, wo immer man durch einen performativen Akt ein Ereignis hervorbringen kann, wird das, was stattfindet, »im Horizont einer Erwartung« geschehen und der Ordnung des Beherrschbaren angehören. Das Performativ wird nichts anderes erzeugen als die Entfaltung dessen, was bereits vorgezeichnet ist. So wie der Anwalt in der Erzählung von Melville, die Papiere reicher Leute verwaltend, nichts anderes als Reichtum ernten wird – chrematistische Selbsterzeugung des Geldes, mithin eine sinnlose Ökonomie. Das Performativ gehört »der Ordnung des Vermögens an, des ›ich kann‹, ›ich bin fähig zu …‹«,[160] mit der Konsequenz, dass es nichts Anderes oder Neues, »kein Ereignis im starken Sinne«[161] geben wird. Bartlebys Aushebelung der Performativa hingegen verweigert sich der Produktion des Verbürgten und Machbaren – zugunsten des Ereignisses, das man nicht herstellen kann und nicht erwartet hat: »die Erfahrung des Ereignisses ist eine passive Erfahrung, auf die hin bezogen … etwas geschieht, was nicht

159) Zur Kritik an einer Vernachlässigung von Momenten der Passivität im Performativitätsdiskurs siehe die beiden Bände von Gronau und Lagaay (Hg.), *Performanzen des Nichttuns* und *Ökonomien der Zurückhaltung.*

160) Derrida, *Die unbedingte Universität,* S. 72

161) Ebd.

vorhersehbar war, etwas, was zunächst also vollkommen unabsehbar und unberechenbar war«.[162] Eine solche Erfahrung verlangt »Exponiertheit«.[163] Die Literatur gibt einer solchen Exposition Raum, sie fungiert, wie Derrida formuliert, als »der passive und empfindungsfähige Ort, über den Ereignisse hereinbrechen«.[164] Das literarische Schreiben bietet eine Stätte sensibler Einschreibungen und öffnet eine Szene abseits vom Vermögen des Subjekts und seinen Intentionen. Die Literatur – weniger der Schreibende – ist der Ort dieser Rezeptivität, denn dem Schreibenden selbst geschieht etwas Unerwartetes dank der literarischen Artikulation. Um eine Erfahrung von etwas zu machen, »was man nicht kommen sieht und was man nicht vorhersagen, beherrschen, berechnen oder programmieren könnte«, muss man gleichsam eine »Passion«[165] auf sich nehmen. Man muss sich etwas ereignen lassen, anstatt es selbst zu machen.

Für Derrida knüpft sich an die Frage des Ereignisses und wie von ihm zu sprechen ist, sofern es sich dabei um etwas handelt, das sich nicht im Radius der eigenen Vermögen befindet, eine ganze Theorie einer unmöglichen Möglichkeit oder eines gekonnten Unvermögens, das »uns dazu zwingt, nicht nur das Sprechen und das Ereignis, sondern auch das, was das Wort ›möglich‹ in der Geschichte der Philosophie besagt, anders zu denken«.[166] Eine weitreichende Revision also, die wiederum die Bestimmung der subjektiven Vermögen berührt. Derrida nennt neben Phänomenen wie Gabe, Vergebung und Gastlichkeit eben die Erfindung des Neuen, deren Wesen darin besteht, den Bereich des Machbaren zu überschreiten. »Wenn ich das, was ich erfinde, erfinden kann, wenn ich die Fähigkeit dazu habe, dann heißt das, dass die Erfindung in gewisser Weise einer Poten-

162) Derrida, »Denken, nicht zu sehen«, S. 327 f.

163) Vgl. Derrida, *Eine gewisse unmögliche Möglichkeit,* S. 7

164) Derrida, *Bleibe,* S. 14

165) Ebd., S. 108

166) Derrida, *Eine gewisse unmögliche Möglichkeit,* S. 16

zialität entspricht, einer Potenz, die ich bereits in mir habe, sodass die Erfindung nichts Neues bringt. Das ist kein Ereignis.«[167] Denn das Ereignis des Neuen darf sich nicht aus dem Bestehenden oder Vorhersehbaren ableiten lassen. In der Erfahrung des Ereignisses ist das Subjekt seines Willens enthoben und setzt sich einem Unwillkürlichen aus. Erfindung ist Erfindung des Anderen im doppelten Sinne: zum einen, insofern es sich beim Erfundenen um etwas Anderes, Unbekanntes, bislang nicht Dagewesenes handelt, zum anderen ist es eine Erfindung durch den Anderen, insofern sie gleichsam vom Anderen her geschieht und sich nicht aus dem Eigenen ergibt. Weil die Erfindung also nicht im eigenen Vermögen liegt, rührt sie an das Unvermögen. »Die einzige Möglichkeit der Erfindung ist also die Erfindung des Unmöglichen.«[168] Es gehört zu ihrer Kondition, sich nicht im Rahmen des Vorhersehbaren zu realisieren.[169]

Während Agamben die Erzählung von Melville so interpretiert, dass Bartleby die pure Potenzialität verkörpert, müsste man mit Blick auf Derrida präzisieren, dass die Möglichkeit in reinster Form nichts anderes als das Ebenbild der Unmöglichkeit ist. »Man muss hier vom un-möglichen Ereignis sprechen. Von einem Un-Möglichen, das nicht nur unmöglich, nicht nur das Gegenteil des Möglichen ist, sondern gleichermaßen die Bedingung oder die Chance des Möglichen.«[170] Die Unterscheidung zwischen Möglichem und Unmöglichem oder zwischen Machbarkeit und Unmachbarkeit wird – wie diejenige zwischen Aktivität und Passivität – nicht nur verkehrt, sondern das Un-Mögliche scheint die Bedingung des Möglichen abzugeben. Derrida visioniert gewissermaßen eine allgemeine Theorie der Unmöglichkeit, wenn er anregt, »den ganzen Wert der Mög-

167) Ebd., S. 31

168) Ebd., S. 32

169) Die Erfindung des Neuen und das »Sprechen des Ereignisses« werden folglich auch nicht vom Wissen reguliert: Sie brechen, wie Derrida schreibt, »in die Nacht eines Nicht-Wissens auf«. Ebd., S. 26

170) Ebd., S. 41

lichkeit, der die philosophische Tradition des Abendlands kennzeichnet, neu zu denken«.[171]

Damit ist die auf Aristoteles' *Metaphysik* zurückgehende Reflexion der *dynamis,* also der Kraft oder Potenzialität, gemeint, die neuerdings vor allem von Agamben aufgegriffen wurde, um das Verhältnis von Vermögen und Unvermögen zu überdenken.[172] Relevant sind in diesem Zusammenhang Aristoteles' Ausführungen zu Vermögen und Verwirklichung bzw. zu Potenz und Akt, insofern er den Gedanken einer *dynamis,* also einer Kraft, entwickelt, die von *adynamis,* also einer »Unkraft« oder Impotenz, durchzogen ist. Nach Agamben gibt das Verhältnis von *dynamis* zu *adynamis* Aufschluss über das menschliche Vermögen und bietet Anlass, gleichsam eine andere »Archäologie der Subjektivität«[173] zu entrollen. Zu jeder Fähigkeit, etwas zu tun oder zu sein, gehört in originärer Weise die Fähigkeit, dieses auch nicht tun oder nicht sein zu können. Von einem Vermögen spricht man nur dann, das leuchtet unmittelbar ein, wenn es auch nicht ausgeübt werden kann. Ohne die Möglichkeit der Unterlassung würde es sich nicht um ein Vermögen, sondern um bloße Kausalität handeln. Das Handeln-Können bestimmt sich also nicht schlichtweg über seine Verwirklichung, sondern gleichermaßen über seine mögliche Nichtrealisierung und demnach über das Nicht-handeln-Können. Agamben schreibt: »So ist es nur die strahlende Erscheinung dessen, was wir nicht tun oder unterlassen können, was unserem Handeln Konsistenz gibt.«[174] Zu unterstreichen ist, dass sich das Vermögen, nicht zu handeln, selbst in der Ausübung

171) Ebd., S. 40

172) Bereits Heidegger hat den Versuch unternommen, im Rückgriff auf Aristoteles einen Begriff der Kraft zu gewinnen, der weder mechanistischen noch vitalistischen Verkürzungen unterliegt, und im Zuge dessen hat er eine detaillierte Interpretation des Zusammenhangs von *dynamis* und *adynamis* vorgelegt. Vgl. Heidegger, *Aristoteles, Metaphysik θ 1–3*

173) Agamben, »Über negative Potentialität«, S. 287

174) Agamben, *Nacktheiten,* S. 80

des Vermögens nicht verliert. Auch im Vollzug des Handelns setzt sich die Möglichkeit des Nicht-Handelns oder Anders-Handelns fort. Außerdem besteht ein Bezug zum Unvermögen noch im Akt der Verwirklichung fort. »Weder löst der Übergang zum Akt die Potenz auf noch geht sie vollends in den Akt über, vielmehr bleibt sie im Akt als solche erhalten und lässt sich in der eminenten Gestalt einer Potenz-nicht-zu (sein oder tun) erfassen.«[175] Die Potenzialität bewahrt sich in der Möglichkeit, das Tun auszusetzen oder anderes zu tun. Daher kann man sagen, alles menschliche Vermögen sei von Unvermögen – von »Passivität und Passion«[176] – heimgesucht. Dies ist aber nach Agamben nichts anderes als eine Zugabe an Potenzialität und Möglichkeit der Selbstvervollkommnung, denn auch im Akt steht immer noch etwas aus, weil die »Potenz ihre eigenen Gestalten und Verwirklichungen stets übersteigt«.[177] Im Akt bleibt das Nichtaktualisierte bestehen.

Welche Schlüsse lassen sich aus diesen Überlegungen ziehen? Zum einen zielt die Betonung eines gewissen Unvermögens im Vermögen darauf ab, dass alles Tun auch ein Gewähren ist und im Handeln immer ein Geschehen wirksam ist. Es ist ein Indiz für das Moment der »Impotenz« in aller »Potenz«, dass das Handeln offen ist für Abweichungen, für Improvisiertes und Zufälliges. Man geht nicht ein für allemal zum Akt über, und aus dem bloßen Vermögen wird nicht schlichtweg ein Verwirklichtes, sondern im Handeln lebt das Potenzielle fort. Zum anderen ist das Handeln selbst getragen von den ausstehenden Resultaten und von den Möglichkeiten, die nicht ergriffen worden sind und noch nicht einmal abgesehen werden konnten. Des Weiteren kann man für die These einer gewissen Passion in der Aktion geltend machen, dass man im wirklichen Glücken einer Handlung bereits über das eigene Vermögen hinausgegangen ist. Es ist weniger eine Vervollkommnung als vielmehr eine »Zu-

175) Agamben, »Über negative Potentialität«, S. 297

176) Vgl. ebd., S. 293

177) Vgl. ebd., S. 298

Gabe«;[178] nicht nur Können, sondern Gelingen. Schließlich geht mit der Betonung des Potenziellen oder Unausgeschöpften eine politische Bedeutung einher. Agamben wird nicht müde herauszustreichen, dass die heutigen Machtformen den Menschen weniger von seinen Möglichkeiten als vielmehr von seinen Unmöglichkeiten entfernen, da alles als machbar dargestellt wird.[179] Das »Nicht-tun-können« wird verstellt und damit die Freiheit zur Unterlassung. Zu allem fähig sein zu müssen und damit alle Widerständigkeit einzubüßen, sei die fatale Konsequenz aus der Entfremdung vom eigenen Unvermögen. Die heutige Machtform erzeugt Unfreiheit gerade im Zwang zur Verwirklichung eigener Möglichkeiten. Demgegenüber erscheint die Untätigkeit als die »höchste ... Figur des Lebens«,[180] als die eigentliche menschliche, ethische und politische Praxis.[181]

178) Ebd.

179) Vgl. Agamben, *Nacktheiten,* S. 77 ff.

180) Agamben, *Das Offene,* S. 96

181) Vgl. Agamben, *Herrschaft und Herrlichkeit,* S. 13

LITERATURVERZEICHNIS

Giorgio Agamben, *Bartleby oder die Kontingenz* gefolgt von *Die absolute Immanenz,* Berlin 1998

Giorgio Agamben, *Das Offene. Der Mensch und das Tier,* Frankfurt am Main 2003

Giorgio Agamben, »Die Passion der Faktizität«, in: ders., *Nymphae,* Berlin 2005, S. 49 – 89

Giorgio Agamben, *Herrschaft und Herrlichkeit. Zur theologischen Genealogie von Ökonomie und Regierung,* Frankfurt am Main 2010

Giorgio Agamben, *Nacktheiten,* Frankfurt am Main 2010

Giorgio Agamben, »Über negative Potentialität«, in: Emmanuel Alloa und Alice Lagaay (Hg.), *Nicht(s) sagen. Strategien der Sprachabwendung im 20. Jahrhundert,* Bielefeld 2008, S. 285 – 298

Hannah Arendt, *Vita activa oder Vom tätigen Leben,* München 1999

Erich Auerbach, »Gloria Passionis«, in: ders., *Literatursprache und Publikum in der lateinischen Spätantike und im Mittelalter,* Bern 1958, S. 54 – 63

Erich Auerbach, »Passio als Leidenschaft«, in: ders., *Gesammelte Aufsätze zur romanischen Philologie,* Bern 1967, S. 161 – 175

Roland Barthes, *Wie zusammen leben. Simulationen einiger alltäglicher Räume im Roman. Vorlesung am Collège de France 1976 – 1977,* Frankfurt am Main 2007

Walter Benjamin, *Das Passagen-Werk, Gesammelte Schriften,* Bd. V.1, Frankfurt am Main 1991

Jacob Bernays, *Grundzüge der verlorenen Abhandlung des Aristoteles über Wirkung der Tragödie,* Breslau 1857

Maurice Blanchot, *Die wesentliche Einsamkeit,* Berlin 1959

Hans Blumenberg, »Nachdenklichkeit«, in: *Jahrbuch der Deutschen Akademie für Sprache und Dichtung* (1980), S. 57–61

André Breton, »Erstes Manifest des Surrealismus (1924)«, in: ders., *Die Manifeste des Surrealismus,* Reinbek 1986, S. 9–43

Ulrich Bröckling, *Das unternehmerische Selbst. Soziologie einer Subjektivierungsform,* Frankfurt am Main 2007

Ernst Cassirer, *Zur Logik der Kulturwissenschaften. Fünf Studien,* Darmstadt 1994

Gilles Deleuze, *Bartleby oder die Formel,* Berlin 1994

Gilles Deleuze, *Nietzsche und die Philosophie,* München 1976

Jacques Derrida, *Bleibe. Maurice Blanchot,* Wien 2003

Jacques Derrida, »Denken, nicht zu sehen«, in: Emmanuel Alloa (Hg.), *Bildtheorien aus Frankreich. Eine Anthologie,* München 2011, S. 323–346

Jacques Derrida, *Die unbedingte Universität,* Frankfurt am Main 2001

Jacques Derrida, *Eine gewisse unmögliche Möglichkeit, vom Ereignis zu sprechen,* Berlin 2003

Alain Ehrenberg, »Depression. Unbehagen in der Kultur oder neue Formen der Sozialität«, in: Christoph Menke und Juliane Rebentisch (Hg.), *Kreation und Depression. Freiheit im gegenwärtigen Kapitalismus,* Berlin 2010, S. 52–62

Andreas Gelhard, *Das Denken des Unmöglichen. Sprache, Tod und Inspiration in den Schriften Maurice Blanchots,* München 2005

Andreas Gelhard, *Kritik der Kompetenz,* Zürich 2011

Barbara Gronau und Alice Lagaay (Hg.), *Ökonomien der Zurückhaltung. Kulturelles Handeln zwischen Askese und Restriktion,* Bielefeld 2010

Barbara Gronau und Alice Lagaay (Hg.), *Performanzen des Nichttuns,* Wien 2008

Byung-Chul Han, *Müdigkeitsgesellschaft,* Berlin 2010

Peter Handke, *Versuch über die Müdigkeit,* Frankfurt am Main 1992

Martin Heidegger, *Aristoteles, Metaphysik θ 1–3. Von Wesen und Wirklichkeit der Kraft, Gesamtausgabe* Bd. 33, 2. Aufl., Frankfurt am Main 1990

Martin Heidegger, »Brief über den Humanismus«, in: ders., *Wegmarken,* 2. Aufl., Frankfurt am Main 1978, S. 311–360

Martin Heidegger, *Kant und das Problem der Metaphysik,* Frankfurt am Main 1991

Martin Heidegger, *Nietzsche,* Bd. 1, Stuttgart 1998

Martin Heidegger, *Sein und Zeit,* Tübingen 1986

Martin Heidegger, »Vom Wesen des Grundes«, in: ders., *Wegmarken,* 2. Aufl., Frankfurt am Main 1978, S. 175–199

Martin Heidegger, *Was ist das – die Philosophie?,* Stuttgart 1956

Martin Heidegger, *Zollikoner Seminare,* Frankfurt am Main 2006

Georg Wilhelm Friedrich Hegel, *Vorlesungen über die Ästhetik,* Werke Bd. 13, Frankfurt am Main 1986

Sarah Kofman, *Derrida lesen,* Wien 1988

Paul Lafargue, *Das Recht auf Faulheit. Widerlegung des »Rechts auf Arbeit«,* Hottingen-Zürich 1887

Eugen Lerch, »Passion und Gefühl«, in: *Archivum romanicum* 22 (1938), S. 320–349

Emmanuel Lévinas, »Die Dienerin und ihr Herr«, in: ders., *Eigennamen. Meditationen über Sprache und Literatur,* München/Wien 1988, S. 42–55

Emmanuel Lévinas, »Die Spur des Anderen«, in: ders., *Die Spur des Anderen. Untersuchungen zur Phänomenologie und Sozialphilosophie,* Freiburg/München 1987, S. 209–235

Emmanuel Lévinas, »Die Substitution«, in: ders., *Die Spur des Anderen. Untersuchungen zur Phänomenologie und Sozialphilosophie,* Freiburg/München 1987, S. 295–330

Emmanuel Lévinas, *Jenseits des Seins oder anders als Sein geschieht,* 2. Aufl., Freiburg/München 1998

Emmanuel Lévinas, »Maurice Blanchot – der Blick des Dichters«, in: ders., *Eigennamen. Meditationen über Sprache und Literatur,* München/Wien 1988, S. 25–41

Emmanuel Lévinas, »Philosophische Bestimmung der Idee der Kultur«, in: ders., *Zwischen uns. Versuche über das Denken an den Anderen,* München/Wien 1995, S. 218–228

Emmanuel Lévinas, »Sprache und Nähe«, in: ders., *Die Spur des Anderen. Untersuchungen zur Phänomenologie und Sozialphilosophie,* Freiburg/München 1987, S. 261–294

Emmanuel Lévinas, *Wenn Gott ins Denken einfällt. Diskurse über die Betroffenheit von Transzendenz,* Freiburg/München 1985

Oliver Marchart, »Melville – Thoreau – Gramsci. Protestsubjektivierung zwischen Aktivismus und Passivismus«, in: ders. u. Rupert Weinzierl (Hg.), *Stand der Bewegung? Protest, Globalisierung, Demokratie – eine Bestandsaufnahme,* Münster 2006, S. 194–208

Herman Melville, *Bartleby, der Schreibgehilfe. Eine Geschichte aus der Wall Street,* Zürich 2007

Cathrin Nielsen, »Pathos und Leiblichkeit. Heidegger in den *Zollikoner Seminaren«,* in: *Phänomenologische Forschungen* (2003), S. 149–169

Friedrich Nietzsche, *Götzen-Dämmerung, Kritische Studienausgabe* (KSA) Bd. 6, München 1999

Friedrich Nietzsche, *Morgenröthe, Kritische Studienausgabe* (KSA) Bd. 3, München 1999

Michaela Ott, *Affizierung. Zu einer ästhetisch-epistemischen Figur,* München 2010

Robert Pfaller, *Ästhetik der Interpassivität,* Hamburg 2009

Robert Pfaller, *Die Illusionen der anderen. Über das Lustprinzip in der Kultur,* Frankfurt am Main 2002

Robert Pfaller (Hg.), *Interpassivität. Studien über deligiertes Genießen,* Berlin/New York 2000

Platon, *Ion,* Sämtliche Werke Bd. 1, Hamburg 1987

Romano Pocai, *Heideggers Theorie der Befindlichkeit. Sein Denken zwischen 1927 und 1933,* Freiburg/München 1996

Alexandra Pontzen, *Künstler ohne Werk. Modelle negativer Produktionsästhetik in der Künstlerliteratur von Wackenroder bis Heiner Müller,* Berlin 2000

Thomas R. Pynchon, »Nearer, my Couch, to Thee«, in: *The New York Times Book Review,* June 1993

Max Scheler, »Liebe und Erkenntnis«, in: ders., *Liebe und Erkenntnis,* Bern 1954, S. 5–28

Friedrich Schlegel, *Lucinde. Ein Roman, Studienausgabe,* Stuttgart 1999

Martin Seel, »Kleine Phänomenologie des Lassens«, in: ders., *Sich bestimmen lassen. Studien zur theoretischen und praktischen Philosophie,* Frankfurt am Main 2002, S. 270–278

Martin Seel, »Sich bestimmen lassen. Ein revidierter Begriff der Selbstbestimmung«, in: ders., *Sich bestimmen lassen. Studien zur theoretischen und praktischen Philosophie,* Frankfurt am Main 2002, S. 279–298

Philipp Stoellger, *Passivität aus Passion. Zur Problemgeschichte einer categoria non grata,* Tübingen 2010

Joseph Vogl, *Über das Zaudern,* Zürich / Berlin 2008

Bernhard Waldenfels, *Bruchlinien der Erfahrung. Phänomenologie, Psychoanalyse, Phänomenotechnik,* Frankfurt am Main 2002

Bernhard Waldenfels, »Zwischen Pathos und Response«, in: ders., *Grundmotive einer Phänomenologie des Fremden,* Frankfurt am Main 2006, S. 34–55

Halle für Kunst Lüneburg e. V.
Reichenbachstraße 2
21335 Lüneburg
www.halle-fuer-kunst.de

Die Publikation erscheint anlässlich des Vortrags »potentia passiva«, den Kathrin Busch im Rahmen des 2010/11 von der Halle für Kunst realisierten Projekts »Off the Record« gehalten hat.

Mit besonderem Dank an Katrin Glinka, Elena Malzew, Nina Morgenstern, Kaya de Wolff und alle Beteiligten.

Projekt und Publikation wurden durch das Land Niedersachsen, die Stiftung Niedersachsen, den Lüneburgischen Landschaftsverband und die Hansestadt Lüneburg großzügig gefördert.

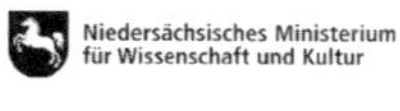

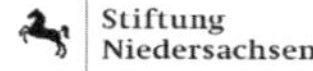

Die Stiftung Niedersachsen wurde 1986 vom Land Niedersachsen gegründet. Sie hat die Aufgabe, Wissenschaft, Bildung, Kunst und Kultur zu fördern und damit zur Entwicklung des Landes im Interesse des Gemeinwohls beizutragen. Die Stiftung fördert kulturelle Projekte aus allen künstlerischen Bereichen und realisiert eigene Programme, wie z. B. das Theatertreffen, den Internationalen Violin-Wettbewerb Hannover, den »Spectrum – Internationaler Preis für Fotografie«, das Literatur Labor Wolfenbüttel sowie das Europa-Kolleg. Durch gezielte Unterstützung sollen Kunst und Kultur in Niedersachsen erfahrbar gemacht werden.